高校体育
教学设计与实践研究

鹿道叶 著

西安交通大学出版社
XI'AN JIAOTONG UNIVERSITY PRESS
国 家 一 级 出 版 社
全国百佳图书出版单位

图书在版编目(CIP)数据

高校体育教学设计与实践研究 / 鹿道叶著.— 西安 ：
西安交通大学出版社，2022.8
ISBN 978-7-5693-2215-6

Ⅰ.①高… Ⅱ.①鹿… Ⅲ.①体育教学-教学设计-
高等学校 Ⅳ.①G807.01

中国版本图书馆 CIP 数据核字(2022)第 095636 号

书　　名 高校体育教学设计与实践研究
GAOXIAO TIYU JIAOXUE SHEJI YU SHIJIAN YANJIU
著　　者 鹿道叶
责任编辑 郭　剑
责任校对 李逢国
封面设计 任加盟

出版发行 西安交通大学出版社
(西安市兴庆南路 1 号　邮政编码 710048)
网　　址 http://www.xjtupress.com
电　　话 (029)82668357　82667874(市场营销中心)
(029)82668315(总编办)
传　　真 (029)82668280
印　　刷 西安五星印刷有限公司

开　　本 700 mm×1000 mm　1/16　**印张** 10.125　**字数** 208 千字
版次印次 2022 年 8 月第 1 版　2023 年 2 月第 1 次印刷
书　　号 ISBN 978-7-5693-2215-6
定　　价 79.00 元

如发现印装质量问题，请与本社市场营销中心联系。
订购热线：(029)82665248　(029)82667874
投稿热线：(029)82665379
读者信箱：xj_rwjg@126.com

前 言

体育教学是一项系统、复杂的工程，它涉及教师行为、学生行为、教学内容、教学媒体、学习环境等多种因素。为了实现既定的教学目标，提高教学效果，使学习成果让学生终身受益，教师必须全面审视体育教学活动过程，从多方面、多元化角度把握教学实态，对体育教学的实际问题做出反应并提出解决对策。体育教学设计是关系体育教学质量和学生发展的一项重要内容，是解决体育教学实际问题的一项基本对策。在体育教学深入发展的今天，讨论体育教学发展必然绕不开体育教学设计这一内容，这是每一名体育教育工作者必须要着重关注和研究的内容。

近年来，我国对体育教学设计的研究逐渐增多，与此同时人们的体育教学观念、方法与思路也在日益变化，朝着更理想、更科学的方向稳步发展。当然，我们也不能忽视其中暴露出的问题，例如部分学校及教师对体育教学设计的忽视，体育教学设计方法和程序不完善、不科学等，这些都是体育教学设计中存在的普遍性问题。总结先进经验、理论以及实践成果，总结经验教训，将更多的热情和勇气投入体育教学设计中，是当前体育教育工作者们应当做的。在这里，笔者结合国内外先进经验和理论成果，在个人实践经验的基础上，撰写了《体育教学设计与实践研究》一书，以期给广大体育教育工作者的教学实践提供参考。

本书共分为七章。第一章为绪论，对体育教学设计进行了基本概述，使读者对体育教学设计形成基本印象；第二章详细分析和阐述了有关于体育教学设计的几大理论基础，涉及系统学、学习理论、教学理论、传播学和生理学等；第三章、第四章重点围绕体育教学目标设计、方法与策略设计进行了重点分析和研究；第五章探讨了体育教学质量的两大要素——体育教学组织形式和教学媒体的设计；第六章立足当下新媒体时代，讲述了高校体育微课教学的设计与实践；第七章分析和阐述了体育教学评价设计与体育教学设计方案的编写。

在本书的撰写中，笔者投入了大量时间和精力，查找了许多资料、文献和书籍，也进行了多方实践研究和分析，以期使本书能够尽善尽美，使读者在阅读时有所思、有所获。由于个人水平和能力有限，面对体育教学这一复杂的系统工程，笔者在相关分析和研究中可能还存在不足之处，在此希望得到广大读者和学者的批评与指正。此外，本书在撰写过程中参阅了许多学者的研究成果，在此向他们表示诚挚的谢意。

鹿道叶

2022 年 5 月

目　录

第一章　绪　论

教学设计源于20世纪中期，它集各学科学术理论为一身而自成体系，是一门以实现教学最优化为目标的实践性较强的应用学科。随着体育教育教学发展，如何实现体育教学效果最优化成为教育者关注的重点问题，教学设计因而被引入体育教学领域。

第一节　体育教学设计

一、设计的概念

“设计”一词应用于诸多领域，其主要是指在某项工作开展之前，根据一定的要求和目标，预先对工作进行的安排与策划。

设计，要求其计划过程中的精确性和科学性，需要能够真实地反应和作用于某一工作或活动，因而设计者在设计活动中必须要精确、科学。马虎、粗略的行为方案收效甚微，甚至会起到反效果，从而浪费时间和资源。

二、教学设计

教学设计兴起于20世纪50年代，是一门新兴的具有较强实践性的应用学科，是基于现代教学技术、教育心理学基础上发展起来的现代教学理论。

教学，主要是通过信息的传播使学生达到预期学习目标的行为活动，在这一过程中学生逐渐获取信息、习得知识、发展智力、培养能力。教学是一个系统复杂的工作，是多种要素的协调组合。教学设计即为一种转为解决教学问题的特殊的教学活动，具有设计的一般性质，也遵循教学的基本规律。

关于教学设计这一概念，学界目前尚未给出明确界定，主要解释通常都停留在课程开发、教学规划等几个方面。目前，我国教学论研究者普遍认为，教学设计是运用系统方法，分析教学问题和确定教学目标，建立解决教学问题的策略方案，评价实施结果和对方案进行修改的过程。

(一)教学设计者应具备的素质

教学设计者是教学设计方案的制订者、协调者和执行者,因而教学设计者的能力素质直接影响教学设计方案的质量。一般来说,要想制订一个高水平、高质量的教学设计方案,教学设计者应该满足以下几点要求。

第一,教学设计者应该具备扎实的理论基础知识,包括体育、教育学、传播学、学习信息以及多媒体等多方面知识。

第二,教学设计者应具有一定的教学实践经验。

第三,教学设计者应了解并熟练运用教学设计的原理、方法以及操作技能。

第四,教学设计者应具备科学管理的知识与技术。

教学设计是一门涉及多领域、多学科的交叉性学科,其中涉及的内容并非来源于某一种理论,其理论基础比较广泛。同时,教学设计的目标是解决实际教学问题,因此也是一门应用性学科。由此可见,教学设计对于教学设计者本身素质能力也有一定的要求。教学设计者必须对自己能力与素质有着清晰的认识和了解,以便于能够进行科学的教学设计实践。

(二)教学设计的历史沿革

教学设计理论体系的形成与发展主要来源于两方面因素,一方面是教学心理学的发展,另一方面是社会的需求。在教学心理学研究领域,斯金纳、加涅和奥苏泊尔贡献巨大,是他们创立了这门学科。

1.教学设计的思想萌芽

教学设计涉及不同领域的知识,是融合不同学科理论而形成的一个新的知识体系,其产生和发展与其他学科紧密相关,例如教育学、传播学和心理学。教学设计构想最初源于杜威,他提出的“桥梁科学”促使学习理论与教学实践发生联系,由此建立一套与教学活动相关的理论知识体系,以实现教学的优化设计。而由于当时多方面条件不足,教学设计停留在萌芽阶段,并没有形成一个系统性的理论体系。

教学设计概念的真正提出大致是在第二次世界大战时期。当时为了战争需要,为了能够使士兵快速掌握武器使用技巧,美军对其进行了一些特定的培训和教育。由此,大批掌握教学研究、心理学等方面知识的专家被应征入伍,从而显著提高了培训质量。他们总结学习规律并尝试应用于教学,逐渐总结并形成了一套系统分析的方法。例如,行为分析,为特定学习目标而进行教学设计,就是应用教学设计理论的最初尝试。遗憾的是,当时许多教学尝试都宣告失败。著名学习心理学家加涅曾参与这些培训计划,在总结经验与教训的基础上,他提出了一个自己的教学设计思想,即按知识学习从易到难、从低到高,按教学步骤呈现等计划推进,从而促进知识获得。加涅的学习任务分析思想对现代教学设计启发很大。

2.行为主义学习理论对教学设计的影响

在初期阶段，教学设计本身具有鲜明的行为主义色彩，它主要吸收了行为主义的相关理论以及方法。20世纪中期，斯金纳基于行为主义心理学思想发展了桑代克的试误说和赫尔S-R理论，并将其引用到了教学实践当中去，提出了操作条件反射说。在经过长期的分析研究后，斯金纳提出了操作强化学习理论，并提出程序教学方法和实用教学机器进行强化教学。斯金纳的思想理念以及相关的学习原则和开发程序系统方法，对教学设计理论模式及其发展影响巨大。

20世纪中期，教育与心理学对教学设计产生重要影响，两个重大的社会事件也为教学设计领域的进展起到了强烈的催化作用。第一件事是二战后出生率显著上升，学生人数日益增大，为了应对教育需求的逐渐增大，必须要改进教学方法。第二件事是1957年苏联发射人造卫星，美国顿感自身在教育与技术领域的权威地位受到威胁，认识到教学方法与教学手段必须要相应发生变化，得到改进。这两大事件促使美国政府加大力气投入教育改革，设立大批资金以改革优化当前的课程与教学方法。而在欧洲地区，二战后经济的恢复发展需要依靠教育的力量，教育的投入比重逐渐加大。例如，德国为了发展本国教育，振兴国家教育事业，提出扩大办学规模、提升高等教育比例，这些都对学校的教育系统与课程提出了挑战。而要解决这些问题，学校就必须要提供充足的教育资源。

20世纪60年代末，系统科学被引进到教育领域当中，与此同时教育技术也进入了系统方法应用阶段，人们逐渐认识到应用系统方法解决教学设计问题的可行性与重要性。研究者构想和尝试一种理想的机遇系统理论的教学方法，其目标在于一个教学方案，从行为层面明确教学目标，帮助大多数学生完成学习任务或实现教学目标。

3.认知学习理论对教学设计的影响

20世纪60年代到70年代，认知学习理论逐渐成为教学设计领域的指导思想，取代了行为主义理论。研究者从最初基于教学的行为模式教学理论，发展成了基于学生心理过程的教学理论。以认知主义学习理论为基础的教学设计关注学生知识技能的获得，以及认知过程中所形成的认知能力，因此设计的教学设计是封闭的，并且是线性的。此时，研究者对学习理论进行重新审视，考虑如何将这些理论与教学设计进行联系，并广泛应用到不同的具体学习活动中去。此外，20世纪90年代时加涅也将自己的教学设计与认知理论进行了结合，将学习结果分成了五大类(言语信息、智慧技能、认知策略、动作技能、态度)。梅里尔基于加涅的思想提出教学设计的成分呈现理论，应用一套专门的教学呈现分类计数方法传达学习信息并向学生提问,扩展学习结果的分类,将学习内容与行为表现分离开来。

此外,认知心理学中关于知识生成的研究结论也应用到了教学设计当中,形成了许多不同的学习策略,如信息组织策略、自我监控策略、问题解决策略等。研究者们通过这些研究又新生成了教学设计的不同观点,例如,复杂学习任务应当建立在掌握低一级任务的基础上等观点。

基于认知主义指导思想的教学设计受到广泛认可和接受,但其中也存在一些不足和缺漏。例如,认知主义按人类学习性能建立设计方案,而对于从未受过系统训练的中小学老师来说,根本就难以直接、准确判断学生的认知特点、水平发展,因而不利于教学设计的开展。

应该注意的是,认知主义指导下的教学设计并没有完全否定行为主义,它有选择地吸收了其中的合理部分。加涅在其思想理论中有效结合了二者理论,主张既要解释人类学习的外部刺激的作用与外在影响,又要解释内部过程的内在条件的作用,这种思想无疑大大促进了教学设计的发展。

4.教学设计理论的整合

至20世纪80年代,经过长期的分析研究,研究者尝试将不同的教学设计理论进行有机结合,形成一个科学有效的总体模式,这种整合化的教学设计理论强调必须根据学生的学习过程和实际需求去对教学条件进行考虑和研究。只有在明确学生知识学习的过程后,才能确定教学策略、步骤以及媒体。

赖格卢斯提出的精加工理论中,强调教学设计者应当通过深入的分析研究,对概念进行排列,并考虑概念的重要性、特殊性。教学首先从一般的、宏观的内容开始,逐渐深入和集中到细节的、较高难度的内容,像这样层层推进并整合成为一个较大的观点。学生在这一反复过程中逐渐仔细、深入了解这一知识。这一理论综合了包括加涅、奥苏泊尔等多人的不同思想和理念。

滕尼森等人提出了另一个教学设计整合理论。在其理论中强调教学包含了陈述性知识、程序性知识、策略性知识等三类知识教学,每一类知识对应着各自不同的教学策略,而教学策略则应依据相应的学习内容与学生需求进行具体选择。这一理论的任务分析强调的并不是学习行为的特征,而是学习情境。

20世纪90年代,建构主义理论对教学设计影响深远。当时,学生与教学情境和媒体的结合成了教学设计发展的一个重要特征。根据建构主义观点,学生通过在学习情景中的发现过程和精加工行为,自行构建知识。因而可以利用灵活的处理办法来满足变化的学习需求。建构主义强调教学的整体性以及变化性,这一思想特征对教学设计思想形成了显著影响:学生学习的内容不是各任务的分解,是认知知识与技能的整合体;教学设计的内容应该是学生整体知识的获得与应用。

20世纪80年代至90年代初,教学设计仍关注具体领域的能力结构及学习过程，强调通过设计教学方法以帮助能力形成。教学方法不尽相同，但他们从总体上都表现出这样两种思想特点：第一，学习是情境化的，是运用原有知识来解决问题、完成任务的过程；第二，问题解决策略的运用极其重要。因此，行为主义研究者认为学生为情境所塑造，而认知心理学研究者认为学生积极塑造情境来实现学习。

（三）教学设计的发展趋势

1. 教学设计越来越重视跨学科、跨领域研究与应用

随着更进一步的分析实践，教育学的研究之间呈现跨学科的趋势，教学设计的研究也逐渐放在了一个共同的更大的领域和空间中进行。这一共同的空间还包括心理学、语言学、社会学、哲学、人类学、系统科学、信息科学与技术等多方面学科。这些领域的新研究与新技术进一步证实和支撑了教学设计的思想理念，为某些教学设计思想的实现提供了可能，并出现了一些公认的里程碑式的成就。

2. 教学设计越来越重视信息技术与教育理念的整合

计算机技术的发展无疑促进了各领域大跨步发展，在教学设计中应用计算机也成了一个不可避免的趋势。但人们对这项技术的应用并没有形成完全统一的意见，一些人认为高科技是教学设计的辅助手段，在人类学习中无疑发挥着至关重要的作用；而另一些人认为可以将整个教学开发领域彻底转向创建计算机化的教学。无论如何，计算机及其信息技术的应用必将促进教学设计领域理论和分析的进一步拓展。

教学设计发生变化，一方面来自技术的影响，而没有一定的教学设计，技术本身并不能对教育形成影响，更不要说自动改进教育。在教学设计领域中，随着信息技术的应用带来的不仅是技术的创新，也是人们对传统教学观点、教学培训等诸多方面的重新审视，促使人们在实践与理论两个层面上进行联系思考，并向着全新的教育、教学方向努力。此外，在信息技术的影响下，教学设计对设计者和相关组织者的绩效的关注和研究力度逐渐加大。在教学设计中，教学设计人员和领导者无疑是至关重要的，信息技术的应用则可以在一定程度上对设计者和相关组织者绩效形成监督和激励，对于教学设计本身的发展也是极为有利的。

3. 教学设计越来越注重各种因素整合下的学习环境的构建

人类在个人、群体、组织间传递知识、开发知识、运用知识、创造产品。人类知识技能海量丰富，在某一专业技术的特殊环境中很难真正实现个体到个体的传授，并且使用知识和技能的环境是复杂的，因此学习知识和技能必须要为其创设一个能够被理解的特殊的环境来取代真实的环境。随着教育教学的发展，教学的各方面都在发生着明显或潜在的变化，关于“学习如何学习”成了教育和训练的一个中

心目标。“学习如何学习”主要讨论的是理解、态度以及技能的持续发展，这一学习强调的是人发展成为在复杂情境中能够灵活、有效处理各种问题并进行自我管理的学习者。学习并不是单向传输、被动接受，学习需要有目的、有意志、有自觉、有积极性，是一个主动构建的实践过程，即互动的“意图—行为—反思”活动。

计算机技术的应用增加了知识的获取渠道，也促进了学习手段的更新和丰富，使得学习环境发生了以下变化。

(1)通过模拟、录像、演示具体数据与实践，并使用因特网，在课堂上呈现和展示真实的现象和问题。

(2)发挥“脚手架”作用，为学生学习思考扩充路径，为学生学习能力发展提供支持，允许并为学生的复杂认知活动提供充足条件，例如，学生进行科学考察的模拟学习等。这些活动必须在一定的技术支持下才能进行。

(3)学生能够获得更多的反馈，例如来自教师、同学和软件导师的，在不同对象的引导和帮助下循序渐进理解和习得知识，提高学习能力和推理水平。

(4)创建一个学习共同体，共同体中可以广泛涵盖师生、家长，乃至全球具有相同兴趣爱好的学习者。

(5)扩大教师学习的机会。

新技术普遍具有交互性，因而能够为教学设计创建丰富和多样的教学环境。这种环境无疑对学生的实践学习、信息反馈、知识构建是非常有利的。

4.教学设计越来越重视新的评估理念和方法

教学设计不再是一个简单的设计程序，而是体现了集课程、教学、实施和评估为一体的总体规划趋势。评估成为教学设计中的一项重要内容和关键环节，针对教学展开的需求分析、教学方法分析、个体差异分析、教学环境分析等不同层次的分析工作的重要性在教学评估中日益凸显。信息技术则成了评估中的一个重要工具。

三、体育教学设计的概念

我国是从20世纪80年代开始对体育教学设计进行研究的，随着教育教学的不断发展，体育教学设计的原理与方法逐渐丰富，也日益受到重视，在教学活动中得到了多方面应用。目前，教育界对体育教学设计的概念形成的较为统一的解释是：体育教学设计是一项以学习理论、教学理论、体育教学原理和传播学为基础，为提高体育教学效果，通过系列程序和手段协调组合各项要素以达成优化体育教学过程的一种研究工作和设计活动。其中各项要素主要是指师生、教学内容、教学目标、教学条件、教学媒体以及教学组织形式、教学方法等。

第二节 体育教学设计的优势与特征

一、体育教学设计的优势

体育教学设计有利于促进体育教学工作的科学化，提高体育教学的质量和效果。通过有效的体育教学设计，能够更好地调动学生各方面积极因素和外界条件，使学生知识、能力、情感、个性、人格得到充分发展。

（一）有利于体育教学工作的科学化

传统体育教学中，教学方案的撰写通常以教师、书本和课堂为主，教学理念相对固化、陈旧。一些教师由于自己的实践经验不足，没有掌握足够的设计方法，理论基础薄弱，因而教案的撰写较为随意。对此，体育教师若掌握了体育教学设计的相关方法，则有利于提高教学的规范性，从而增强教学的科学性。

（二）有利于体育教学理论与体育教学实践的结合

不难发现，对于一门学科的教学研究，部分学者和专家都过于注重理论上的构建和完善，而相对脱离实际，不注重实践，使得教育教学问题无法得到真正有效改善。体育教学不外于此。现如今，在体育教学界广泛存在的一个问题是，体育教学理论逐渐丰富和完善，但却与体育教师基本无缘，也无法应用到真正的体育教学实践工作中去。对此，体育教学设计则可以在理论和实践中起到较好的沟通和连接作用，这主要表现在两方面，即：体育教学设计可以将体育教学理论和成果运用到实际的体育教学指导中去；可以将优秀体育教师的先进经验和成果凝结于教学科学，丰富体育教学设计内容，重拾体育教学理论，促进理论与实践充分结合。

（三）有利于科学思维习惯和能力的培养

体育教学设计是系统化地解决体育教学问题的过程，它提出一整套确定、分析、解决教学问题的理论和方法，对于培养人们科学的行为习惯，提高人们科学分析与解决教学问题的能力具有重要意义。

（四）有利于加速对青年教师的培养

体育教学设计最终为教师所操作和运用。在满足教师教授需求的同时，教师本身也要不断完善和充实自己来达成体育教学设计的使用要求。教师可以通过体育教学设计更多地掌握教学理论和操作知识，可以从中获取不曾习得的知识和经验，并在实际运用中逐渐内化，进一步充实和丰富自我。

（五）有利于体育多媒体教材的开发和质量的提高

随着教学理论的逐渐丰富、现代教育技术的不断发展以及电教器材的日益增加，体育教学技术和手段不断增多和发展。体育多媒体教材包含体育教学方法、体育教学内容两大重要内容。通过体育教学设计，有利于帮助教师有效利用现代教学媒体，从而促进多媒体教材的编制，为体育教学提供更为丰富、精深的教学材料，提高教学质量和水平。

二、体育教学设计的特征

为提高体育教学的科学有效性，在体育教学的活动正式开展之前，体育教学的设计是必不可少的。体育教学设计主要具有以下几方面特征。

1. 超前性

体育教学设计适于教学活动实际开展之前，是基于预先分析和判断对教学活动作出的安排和策划，因而具有超前性。

2. 创造性

由于体育教学的目标、功能特点及教学手段和方法的多元性，使得体育教学过程具有不确定性和复杂性。体育教学设计具有创造性，正是基于体育教学的这一特性而衍生的。教师要提高教学效果和教学质量，就必须要具备扎实的教学理论基础，熟悉教学规律，具有探索和钻研精神，具有超前的观察力、判断力以及想象力，其体育教学设计应灵活、新颖并适应于不同的体育教学实际问题。

3. 系统性

体育教学设计是一个不断观察、设计、研究的过程，是将不同元素以最优组合形式呈现一个思维逻辑的过程，是一个系统的、科学的过程。所以，系统性是体育教学设计必须体现的一个特性。设计者应当基于具体的教学问题设定目标，之后再围绕其目标制定各教学环节，以确保目标、策略与评价之间的一致性。此外，体育教育设计应基于体育教学系统的整体功能，在工作程序上综合师生、教材、媒体和评价等在体育教学方面的影响与作用，使其多要素之间协调配合，互相促进，形成最优整体效应，切实提高体育教学效果。

4. 灵活性

虽然为了确保体育教学的有序性、科学性，体育教学设计必须要遵照一定的模式，然而为了确保体育教学设计的活动空间，其设计工作在实践中其实并非完全依据固定的模式和流程展开。例如，体育教学设计中包含一个学习需要分析的过程。而若所面对的学生是同一个教学班，考虑到他们接受的学习内容相同、学习进度趋同，则可以适当减弱这一方面的研究和论证工作。因此，在体育教学设计实际工作中，应根据具体实际灵活操作，具体决定相对重要的、相对一般的、比较平常的，攻克重点和难点，省掉不必要的环节和步骤，有效进行体育教学设计。

5. 科学性

体育教学设计这一门科学，主要基于体育心理学、人体生理学、运动生物化学、体育教学论等诸多学科开展研究，根据教育的基本规律和原则具体设计和建立教学目标、教学方法以及教学内容，科学运用系统方法分析和策划体育教学设计的各方面要素及其组合联系。

6. 艺术性

体育教学设计是一门精心设计体育教学各方面要素并使其最优组合的艺术，具有较高的审美价值。一份优秀的体育教学设计方案，就要做到新颖独特、层次清晰，能够给人以美的感受。

第三节 体育教学设计的原则与要求

一、体育教学设计的原则

体育教学设计是一项系统、科学的过程，应当按照一定的准则和规律开展，以确保其能够顺利朝着具体的教学目标推进。因此，在体育教学设计中就必须要讨论体育教学设计的主要原则。

(一)目标导向原则

目标导向原则，即体育教学设计以目标为导向并使其所有设计环节能够紧紧围绕教学目标展开，在实践中设计方案能够与教学行为和教学目标高度契合。在设计中，要求每一个设计环节和步骤都要考虑其对教学目标的实现所起到的影响和作用，应分析和研究其是否有益于增进学生健康、是否有益于提升学生运动能力、是否有益于提高学生的社会适应能力。

体育教学设计是为了实现最优的体育教学效果而具体展开的一项分析、研究工作，是一项针对体育教学预判而做出预先措施的准备工作。因此，在体育教学设计之前应当首先认识和了解体育教学的宏观目标，深入教学实际，弄清课程目标实现的具体步骤、教学中存在的问题及其性质、学习者的特点和学习需要，以此确定课堂教学的具体目标。此外，还应当分析和选择能够帮助实现这一目标的具体手段、方法、实施程序，并将其以教案的形式呈现，从而确保体育教学设计能够以达成教学目标为目的具体开展。

(二)因材施教原则

体育教学具体来说是一项身体教育，其旨在促进学生身体发展。我们必须认识到，学生群体中个体差异性相对明显，身体素质存在差异。因此，为了促进学生身体真正又好、又快发展，在体育教学设计中就必须考虑这一方面因素，应当在合理的教学组织上加以分组、分层、个别指导等，以多种形式展开多样教学，因材施教，确保每名学生得到充分发展。

(三)程序性原则

程序性原则，即体育教学设计遵循体育教学一般规律，基于学生的具体实际有序编排和设计教学内容和教学策略。在教学设计中，体育学习的程序性要求体育教学设计者把握学生身体发育规律、身体适应规律、认识过程规律、动作技能形成规律，深入了解学生的身体基础、知识学习基础、动作技能基础、体育学习态度，同时还要求教师根据现有教学环境条件，研究体育教学内容体系，编制体育教学步骤，才能使之有序化。

(四)适量性原则

适量性原则，即体育教学设计应当基于学生的身心实际科学安排教学内容、教材分量、运动负荷以及运动难度。教学内容的安排应当符合学生可接受性，促进学生的科学发展。

(五)可操作性原则

可操作性原则，即其设计方案具备实用高效、便捷低耗等特点。要遵循这项原则，必须要从以下几方面入手。

1.体育教学设计要与教学环境相适应

体育教学设计应当考虑实际的教学环境，再先进的教学理论和再高超的教学手段也无法在不适当的教学环境下发挥作用。一些体育教学设计方案可能预期美好，而若是在实际过程中大量占用教学资源，大量消耗人力、物力和财力，就不能说是一个具有可操作性的设计方案，还可能会起到适得其反的作用，应该予以修正。

2.体育教学设计要讲求实效

体育教学设计是对体育教学实践的一种方向性指导，其最终还是要应用于实践并从实践中检验其正确与否。因此，体育教学设计应务实，讲求实效，不管其形式简单还是新奇多样，都必须要追求优质的教学效果。

3.体育教学设计中要考虑学生实际

体育教学设计最终服务于学生发展，因而学生的实际情况和需求是其必须要重点考虑和关注的问题。对此，在体育教学设计中切忌生搬硬套体育教学相关教材和素材等固定模式与案例，应深入、仔细分析体育教学背景，制定出与学校、班级教学相辅相成的教学目标，安排与教学条件适应的、实用的且适量的教学内容，合理控制教学内容的难度，使其符合学生基础，使学生能够从知识学习中获得成功体验和乐趣。

4.体育教学设计要在实践中不断完善

体育教学设计应不断付诸实践，在实践中得到检验并逐渐完善。体育教学并非一开始就是完全理想的，且不同阶段体育教学设计的要求不同，因而必须要在实践中不断完善，这样才能适应于体育教学发展需求，才能有效提高体育教学质量。

（六）灵活性原则

灵活性原则，即体育教学设计应根据不同的学生、教学条件以及课型进行不同设计，以使设计方案能够灵活适用于不同的体育教学环境和教学需求。

不同学校、地区的体育教学环境和条件各不相同，且总体上还呈现出教学目标多元化的特点，部分地区的学校体育教学还具有特殊性，基于以上种种因素考虑，体育教学设计必须要遵循灵活性原则，不可能存在着一个普遍的完全适用于任何体育教学情况的教学设计方案。对此，体育教学设计应当注意确保一定的开发性、变化性和空间性，应能够给予并允许适当的调整和改变，以提高体育教学涉及的包容性，使其能够灵活应对复杂的教学情境。

（七）创新性原则

创新性原则，即打破传统、推陈出新，体育教学设计应当在教学理念、方法、策略以及内容上，在传统的、常规的体育教学上有所突破和超越。在体育教学设计中遵循创新性原则，可主要从以下两个方面入手。

第一，教师教学设计的创新。有效挖掘教学资源，提高教学效果，实现教学的高效低耗。

第二，体育教学设计的创新。为学生营造易于创造思维和能力培养的空间，创新设计教学设计方案，勇于打破常规和陈旧思想，用新的视角去观察和分析，对现有的体育教学设计进行大胆创新。可以从教学方法创新、教学组织创新、学习模式创新等诸多角度去分析和尝试。

二、体育教学设计的要求

（一）体育教学设计要体现素质教育理念

随着教育教学的不断发展，教育理论和实践探索的不断推进，我国教育界的教育理论已经发生了许多变化，正从传统的应试教育向素质教育发展。在这种新型的素质教育中，民主、平等、合作的师生关系被着重强调，学生创新精神和实践能力的培养成为教育教学关注的重点内容。因此，基于素质教育下的体育教学设计也应当遵循这一理念，充分尊重学生、理解学生，善于引导和调动学生，发挥学生的主动性和积极性，有效培养学生的学习兴趣，使学生从被动去学到主动去学。

1.强调以学生为中心

从不同的角度看问题，看到的景象大大不同，思路天差地别。体育教学设计也是如此，以学生为中心看待教学问题和以教师为中心看待教学问题，两者之间所形成的思路和感受是截然不同的，进而采取的系列措施和方法也是迥然不同的，体育教学设计结果也会因此具有很大差别。素质教育，必然要求从学生本身看问题，即应当充分发挥学生的主体性。体育教学设计应当将学生放在首位，重视学生的学习过程，应基于学生的实际，通过有效的教学方法和手段为学生发展而服务。通过有效的启发和引导激发学生潜能，使学生主动去学、去问、去想、去练、去总结，充分发挥学生的主观能动性。

2.坚持“以人为本、健康第一”的教育理念

体育教育应积极探索健康教育之路，和体育教学有效结合在一起，着重帮助和培养学生形成积极锻炼、健康锻炼的体育运动习惯，促进学生全面发展。体育教学设计应当充分体现以学生为主体，重视学生的兴趣需求，重视学生的全面发展。

3.体现“终身体育”指导思想

终身体育旨在通过体育教学培养学生的体育兴趣以及良好的体育习惯，使学生掌握一定的健身方法并具备良好的锻炼能力，体现可持续发展的健康理念。体育教学设计应在“终身体育”的指导思想下，对体育教学过程重新定位，谋求新的发展思路和理念，实现体育人才培养的可持续发展。

(二)体育教学设计要适应体育课程教材内容的多样化

随着体育教学的逐渐发展，我国体育课程的教学内容逐渐多样化，体育教材体系逐渐完善，同时教学自主性也逐渐增强。因此，在进行体育教学设计时，应当根据课程标准确立的教学目标对已有的教材内容进行筛选、重组，做到主次分明、重点突出、结构合理。在选择、安排教学内容的基础上，根据教材内容的特点，应用行之有效的教学组织形式，采用合理的教学方法和手段，以便更好地贯彻课程标准提出的各项要求，从而有效地实现教学目标，使教学设计效果最优化。

(三)体育教学设计要运用多种教学组织形式和教学方法手段

随着体育学科的发展，一些新的教学组织形式、教学方法手段逐步被引入体育教学领域，从而使体育教学组织形式、教学方法手段日趋多样化。为了适应素质教育的要求，体育教学设计也应该在教学组织形式和教学方法手段上日趋多样化，以不断适应学生发展的需要。

(四)强调情境对学习的重要作用

建构主义认为，学习总是与一定的社会文化背景及情境相联系的。在传统的体育教学中，尤其是对小学低年级学生，由于不能提供实际情境所具有的生动性、丰富性，使学生对知识的意义建构认识发生困难。加强对体育教学过程中的情境设计有利于培养学生的兴趣、创造性、主动性和探索精神。

(五)强调协作学习对学习的作用

建构主义认为学生对周围环境的交互作用,对学习内容的理解起着关键性的作用。素质教育强调学生在教师的组织和引导下一起练习、学习,共同建立学习群体,共同完成对所学知识、体育技术的领会、理解和掌握,即协作学习。协作学习有利于培养学生的合作精神。

(六)利用各种信息资源支持学生学习

为了支持学生的主动探索和完成意义建构,在学习过程中要为学生提供各种信息资源,这些信息并非用于辅助教师的讲解和示范,而是用于支持学生的自主学习和协作探索。

第四节 体育学习者与教学设计

为了进一步实现体育教学目标,满足学习者学习需求,在对教学内容进行深入分析的同时,还应客观、正确分析教学对象本身。因为学习活动来源于学习者需求,学习者是主体和中心,教学内容的设计应基于学习者实际而具体制定。

一、学习者分析(整合信息)

为什么要对学习者进行分析,其根本目的是为了突显学习者在学习中的主体地位,从而激发学习者的主观能动性和积极性,更有利于使学习者在学习中取得成就。这样做的原因有两个:第一,为了具体了解学习者的学习能力状况,我们将其称为"学习准备状态";第二,为了了解学习者原有的知识认知程度,我们称之为"目标能力状态"。在对这两种状态充分了解之后,再将它们进行整合,进而设计出教学活动,引导学习者重建自己的认知结构。因此,想要让教学设计达到预期的效果,务必要进行学习者分析。

(一)学习者认知结构分析

奥苏贝尔认为,想要进行有意义的学习,学习者就要将自己原有的认知结构与教学内容结合在一起,两者产生联系即可发生意义学习。因此,学习者的认知结构是产生有意义学习的最重要因素。所谓认知结构就是"学生现有知识的数量、清晰度和组织方式,它是由学生眼下能回想出的事实、概念、命题、理论等构成的"。由此可见,学习者想要更快地掌握新知识,就需要在原有的认知结构与新知识间产生联系。在此之前,首先还是要充分了解学习者原有的认知结构状态,然后通过教学的方式使新旧知识产生摩擦,擦出火花之后就可以自然而然地将新知识引入到原有认知当中。所以,了解学习者原有的知识结构状态其实就是分析学习者知识能力的起始之步。

如何断定一个学习者原有的认知结构状态呢？奥苏贝尔的学习理论中对此有阐述：不同的内容程度对应不同的学习类型，而教学目标尤为重要的一点就是要培养学习者良好的认知结构。奥苏贝尔提出了对学习产生重要影响的三个认知结构特征：①在学习者的认知结构当中，有没有一种吸收和固定新观念的上位观念。②在学习者的认知结构当中，有没有一种非常清晰的、起固定作用的观念。③在学习者的认知结构当中，有没有一种十分巩固的、起固定作用的观念。

奥苏贝尔影响学习的三个认知结构中，不仅有“教法”，还有“学法”，这对于教学设计的选择与应用来说具有非常重要的指导性意义，现分析介绍如下：

第一种认知结构变量：其是指“可利用性”，即学习者的原有认知结构里有没有能够对新观念起到固定以及吸收作用的某些观念，该原有观念各方面都必须符合认知同化理论的条件，例如包容范围以及概括性等方面。若新旧知识间能够产生一些直接性的关系，那对于学习者所需要的认知加工来说就很容易了，对于学习任务的完成也会比较轻松愉快。

第二种认知结构变量：认知结构的“可分辨性”，也就是有着吸收与固定作用的原有观念和所需要学习的新观念间存在的异同点是不是清晰可辨。因为，对于新旧观念来说，两者间的区别越清晰对于发生以及保持有意义学习来说就越有帮助。换个角度来说就是指找到新旧观念间的相关属性时也要努力找到它们之间存在的相互区别的属性，也叫作第一认知结构与第二认知结构。

第三种认知结构变量：认知结构的“稳固性”，也就是指这个起着固定和吸收作用的观念是否足够稳固。就好比一棵树，树根越牢固，对抗风雨的承受能力就越强，原有的观念越是牢固，对于有意义学习的产生以及保持也就越有利。例如，原有观念与学习知识相关，而这一原有知识非常牢固，那便是有利因素。同时，学习新知识的时候也就会更加顺畅，能够促进新知识的学成。相反，所产生的效果也是消极的。

第三种认知结构变量分析有一种特殊的意义，就是为了让我们能够准确地了解认知结构稳定性可能带来的现象。若分析结果属于前者就表示学习者原有的认知结构观念还算比较稳定，能够加以利用起来；反之，分析结果属于后者，证明学习者认知结构的原有观念不够稳定，如果是这种情况就需要在教学过程中努力寻求一种补救的方式，以此将原有观念变得牢固起来，一来是为了让它能够在教学中发挥辅助作用，二来是为了避免不稳定的观念给新的有意义学习造成不利因素。

综上所述，我们可以看出奥苏贝尔的学习分类理论对于教学目标的决策来说，所具有的意义至少有以下三种。

(1)让学习者发生有意义的学习是老师确定教学目标首先应当考虑的因素。

(2)要依据学习类型多样性的关系来确定好教学目标的层次。

(3)教学目标确定之前要认真分析认知结构的三个特征，选出有利于学习者形成良好认知结构的教学目标。

(二)学习者认知结构的分析方法和途径

关于如何分析学习者原有的认知结构这一问题，绝大多数的理论与方式都是针对陈述性知识而言的。例如，美国著名学者约瑟夫・D.诺瓦克提供了判断学习者认知结构的技术“概念图”。所谓的概念图就是为了将知识结构表现出来的一种方式，但是对属于程序性知识的体育知识结构来说，该方式显然不是特别适合，因此需要根据体育认知属性来分析体育学习者，可以用到的方法与途径有以下几个。

1.充分掌握学习者的内容

(1)分析班级情况。班级既是学习者学习基本单位，又是教师开展教学的基本单位。因此，首先要对班级情况进行分析，包括班风、学习兴趣以及学习者的整体学习情况等，这些内容是如何正确选择教学方法的重要依据。

(2)分析学生的自然情况。首先可以通过班主任和其他教师来了解学生的各项特点；然后可以经常开展课外活动，充分观察学生已有的体育知识和经验；最后可以把学生体育成绩作为一个重要依据进行参考。

(3)分析学生的学习基础。对学生学习基础进行分析，是因为只有了解学生的基础才可以判断学生原有的知识能否与新知识产生迁移，如若不能就要进行增补。分析学生的学习基础主要是分析学习者在课堂中可能会遇到的困难，如体能能力和运动技能等，还有学习者自身对原有知识的掌握程度和理解方法等。

(4)分析学生的差异。俗话说，十个指头有长短，荷花出水有高低。对于一个班级的学生来说肯定也各有不同，有能力好的，有中等的，也有困难的。教师在进行分析的时候要了解不同学生的学习情况，对于相对困难的学生要采取应对措施。教师不仅要让困难层的学生达到教学目标，更要让优秀层的学生饱满起来，要关注所有学生的全面发展。

2.了解学习者的方法与途径

(1)如何了解体育学习者？主要通过课堂提问、问卷调查、考试成绩、课堂或业余时间的运动观察等途径。

(2)了解学习者的具体方法有参与法、观察法、调查法等几种，常用的是观察法和参与法。

有很多优秀的教师会采取未雨绸缪的方法，如做好重要方面的学习情况分析并制定出针对性教学设计的同时，还要在每一课的教学设计中为学生安排好学习任务并对此进行再次学情分析，如此一来才可以做到防患于未然。

传统的教材一般都是以教学大纲为依据编写的，具有一定的严谨性与规定性，所以在进行教学设计的时候不能随意修改;而新教材则是为了顺应世界教材改革的热潮,它在编写过程中参考了西方优秀课程,具有一定的开放性,因此在进行教学设计的时候可以进行修改。传统教材的内容是以知识系统为主,然后依照循序渐进的顺序进行编排的,其中心内容是知识,它强调了知识的系统性与逻辑体系的严谨性,但存在着老旧、烦琐等缺点。相比之下,新教材的主要内容是以经验系统为主,它是以主题集中、解决问题的顺序来进行排列编制的,学生的需求成为教材内容展开的方向,具有一定的弹性。同时,将教材中的"文化中介"作用凸现出来,它的优点是能够培养学生的社会生活能力,缺点是知识重点之间没有稳定的系统性和条理性,属于非常跳跃的结构,有的教师适应不了,对于教学来说就存在着很大困难。由此可见,不管是学习内容还是学习者结构的开发,都要以一种开放性的态度来对待人类所创造出来的成果,在开发利用上尽量地以有助于教学活动的一切有可能的课程资源为主。同时,我们要树立正确的教材观念,将两者的优势融合在一起,为教学服务,要做到用教材教,而非教教材。

二、学习者的情感准备状态与教学设计

教学不是独角戏,是一种基于教材所展开的教与学的双向活动,教师与学生都是参与教学的角色。它是有生命力的,既能够传授与吸取知识以及进行各类实践活动,还是某种特殊情境下的一种情感交流活动。因此,师生之间不仅仅是产生认知上的信息交流,还有情感上的信息传递。情感以一种特殊而不可否认的方式参与了教学,也是教学中一个非常重要的教学因素,这种交融使得教学活动展现出一种知识与情感交融的复杂现象。华裔心理学家江绍伦教师曾在《教与育的心理学》一书中开门见山地讲述了教学活动的本质特征:"教学是一个涉及教师和学生在理性与情绪两方面的动态的人际过程。"再比如南斯拉夫著名教学论专家弗·鲍良克也曾指出过:"情绪感受决定学生在教学中是注意、集中、有兴趣、满意、积极、精神振奋,还是冷淡、消极、散漫、不满足、压抑。"新课程与传统教学有很多不一样,其中关注情感因素的学习就是两者间的主要区别之一,同时也是体育新课程教学理论和教学实践上需要关注的核心之一,以及一线教师在进行新课程改革时没有引起足够重视或者出现偏差的难点、热点之一。情感学习一直是一个重心点,在传统体育教学中也曾被人提出过,由于当时教学重心一直放在知识因素上,因此情感学习被埋没,在教学中一直没有名正言顺的地位,实践对于情感的忽视直接影响了体育教育上的作用。时至今日,情感因素被重新拾起,新体育课程开始关注情感在教学中的重要作用,而传统的理论根本无法满足情感方面的指导。因此,我们需要重新探讨关于情感教学的理论与方式,使教学内容更加丰裕,进而促进教学。

情感教学的范畴包含了诸多方面,如如何培养社会技能、如何促进学习者养成

正确的价值观、如何增进情感发展等。情感领域教学的顺序是接受反应、评价、组织性格化。学习者的情感领域发展到最高级领域,他们的行为选择就可以被内化了的体育价值观所直接影响。关于"内化",布鲁姆在其分类学里对此做出了界定:"个体觉察到某种现象,到影响到他所有行动及对人生的整个看法。"中小学生接受学校体育的教育,理应形成了牢固的体育价值观,这种价值观应该是影响深远的,直至大学或者走入社会也会时刻影响着他们的体育行为。但事实上却不是这样,由于传统教学的影响,学生的情感领域依然还处于低级层,仅仅是让学生对体育活动产生兴趣,从情感领域的层级来看,也只是达到反应阶段而已。由此可见,我们不得不承认一个残酷的现实,看似琳琅满目的体育学习,拥有着十多年的体育学习,事实上不过是一种最浅的学习,进入深层次学习的学生微乎其微。曾经有学者提出:我们的体育学习和培养只能够满足一般传授技艺与增进体能的功效。而体育文化"懂、乐、会"所蕴含的深意以及体育文化的崇高精神却被人淡忘。为什么我国存在一种这样的现象——不管是中学生还是大学生都普遍存在着厌学情绪,这就是此现象的重要来源。背后所蕴含的深意就是对体育教学内容非常不满,也可以看出体育学习的真谛,即学习内容多,但往往是枯燥的,彼此间没有过多联系,学习仅限于学习,脱离了应用,学完之后也不会保留任何记忆,学习永远停留在表面无法深入人心,想要实现深层次的情感目标(价值判断、态度、社会责任等)就更不可能了。中国体育教育中体育学习的情感领域一直处于被忽视的状态。为此,努力增强体育学习中情感领域的教育对于形成长期持久的教育观来说具有非常巨大的意义。

如何正确认识教学中情感因素以及如何更好地理解以后要提到的知情因素的相互作用关系,针对这类问题笔者引荐国内以及国外学者情感教学所研究出来的成果,与中国体育情感教学的实际情况相结合,提出了一些针对性的设想,现选择整理分析如下。

第一,师生间的情感交流随着认知信息的传递所流露出来。如果教学设计科学又合理,那么认知信息的传递工作就会进行得十分顺利,学生能够很好地接受教师传递的认知信息并对此进行储藏以及转换。在整个传递过程中,一直都是以一种高效率的状态进行,如此一来教师与学生之间就会产生积极的情感体验,从而迸发出积极性沟通。对于师生来说,师生间产生的也都是快乐的感受。如果整个教学设计不够科学与合理,那整个传递过程就会处于一个低效率状态,师生间产生的就会是消极的情感体验,所产生的情绪也都是消极、厌恶等不良反应。因此,教学设计的成败也决定了教学效果的好与坏。

第二,师生间的情感交流可以随认知信息传递的蕴涵在教材内容中体现出来。教材中所蕴含的情感因素需要由教师去挖掘出来,从而使其能够熏染学生,让学生产生相对应的情感体验。如此一来，便形成了师生间的情感交流，同时可以让教材内容中蕴含的情感因素体现在相应的教学氛围中。在此过程中，教师要努力挖掘教材中蕴藏的情感深意，这对于教学效果的成败起着关键性的作用。

第三，伴随认知信息传递的师生对教学内容的知识情感交流。在整个教学的过程，教师会将自己对于教学内容的某种情感表现出来，从而传递给学生，这种真情的流露能够影响学生对所学课程以及学习活动的情感，从而形成一种互相交流的回路。这种情感交流是师生间知识感的交流，是教师自身成熟的艺术感熏陶学生，使其受到渲染的一个艺术性过程。此回路中，教师是主导地位，是由其自身的情感所散发出来的状态。

第四，师生间人际情感交流。众所周知，教学活动其实也属于一种人际交往活动，只不过它的情境较为特殊。而教师与学生就是参与此活动中的重要人员，在整个教学活动中，并非单纯的传递认知信息与情感信息，还能够在无形中发展师生之间的人际情感。如教师会从行为、言语上表露出对学生的关爱，学生对此有所察觉之后会对教师产生热爱和尊敬。师生之间形成一个整体，能够相互交流、相互影响，从而形成一种交流回路。这是在教学情境中的一种特殊情绪的表现，之所以能够形成的原因是因为教师对学生关爱的情感在日积月累中已经形成了涌泉，这股涌泉在日常教学中或者活动中就会涌现出来。因此，在这场师生情感交流中教师是主导者。

第五，学生与学生之间的人际情感交流。在教学过程中，除了师生间的情感交流之外还有一种很重要的情感交流，就是学生之间的友情交流。这与我们所说的"班风"以及"学风"息息相关，同样对教学发挥着极其重要的意义。

以上五点揭示了认知信息与情感信息之间的相互作用，具体可做如下分析：

第一点指出：情绪的高低能够影响学习的效率，情绪高效率高，反之则低。而教师在教学过程中要建设出寓教于乐的认知情境，方可牵引学生的情绪，带动学生情感交流。

第二点指出，要挖掘能够带动学生情感的教材内容，才可以让记忆更加深远长久。因此教师要将教学内容中的情感因素全力地利用起来，从而促进认知的发展。

第三点指出，在教学过程中教师要动之以情努力施展出教学的熏染功能，让学生体验到知识的另一层意义，除了需要艰难地向上爬之外，还需要看看沿途的风景，这一份美好是充满幸福和欢乐的。

第四点再次证实了"皮格马利翁"在教育中的作用。"亲其师，信其道"，教师的态度是学生前进的动力，对学生学习行为有显著的影响。师生关系的好坏可以直接影响学生的学习积极性，因此，良好的师生关系非常重要。

第五点指出，一个班级的班风和学风非常重要。俗话说，近朱者赤近墨者黑，良好的班风与学风是制约学习的主要因素。教师要在教学中为学生创造出积极向上、互帮互助的教学环境。学生在情感交流中能够做到互帮互助，在人际交流中找到乐趣。

综上所述，在教学活动的过程中，教师与学生之间不仅有认知信息的交流，更有情感信息的交流回路。如图1－1所示，图中生动地将教学活动中存在的两种信息交流的具体情况表现了出来。它们之间能够相互作用，还可以相互影响，同时也具有受教师影响控制以及学生影响控制的双重性控制因素。除了能够造成相互帮助的良性循环之外，还可以形成一种相互干扰的柔性循环。所以，形成一种在教学中能够互帮互助、相互影响、复杂且动态的知情交流回路。这一命题得出，情感态度和知识、动作技能一样都可以发生迁移，同时还为教学质量和教学效率的提高提供了一条极为珍贵的研究通道。

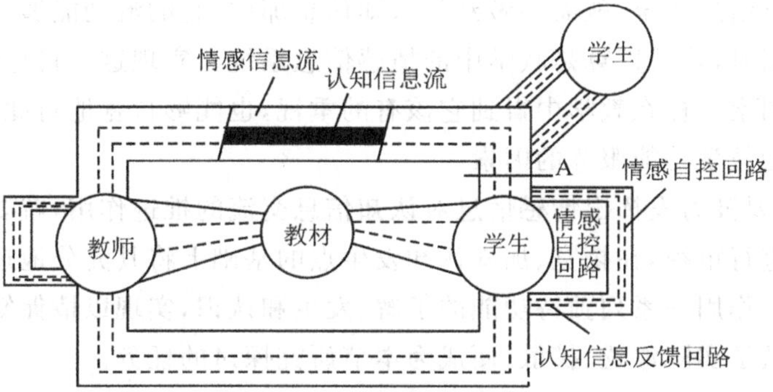

图1－1　教学中师生认知、情感信息交流回路的剖面图

在传统教学认知观念的限制下，对于情感教育的观察我们无法做到像对认知信息一样有一个系统的考察。不管是国内还是国外的学者，对于情感教育的思想观念都曾有过提及，如我国的思想政治教育家孔子提出的“夫子循循然善诱人，博我以文，约我以礼，欲罢不能”等，再比如国外的夸美纽斯与亚里士多德。但遗憾的是，时至今日也没能将这一认识概括为一条明确的教学指导原则。以至于情感认知信息没有得到体现和运用，仍然属于一个使用漂泊与断断续续的状态。例如，教师在输入情感信息时，可能是热情洋溢的，但也有可能是冷漠消极的；有的教材内容将情感信息充分地表现了出来，但有的没有；教师在情感控制上，有的会控制好自己的情绪，但也有一部分教师则随心所欲，甚至于会将自己的不满发泄到学生身上；有的教师在课堂上会十分注重自己的表情，与学生保持紧密的交流，但是有的教师在授课时只注重教学内容，不注重教学表情与情绪状态，与学生没有情感沟通。

上述可能会出现的问题来源主要是因为受传统教学的影响，导致教师只注重教学内容与方法的认知信息，忽视了情感信息上的指导。而教师是情感信息中情感元素的主要来源，教师在课堂处于主导地位，但是没有察觉到自己应该要发挥的主导作用，还有一部分教师不懂得如何将这种主导作用发挥出来。所以，很多教师对于情感信息的操作还属于迷茫、顺其自然与各自为营的状态，与情感信息间应该有的配合与联系非常不足。

结合以上所提及的因素可以看到一个现象，情感在传统教学中的地位属于一个居无定所、没有目标与控制、没有次序的一个状态，故而也无法实现成为一个完整的系统这一目标，因为它缺少"系统的统一功能"这一决定性条件。好比系统科学规定的那样："为构成系统，诸要素之间的关系必须产生出其集合体的统一功能。没有统一功能的要素集合就不是一个系统。"因此，情感信息想要成为一个完整的系统——情感信息系统，就需要做到与认知信息那样，它的流动能够受教学规定目标与方向控制时，才可以算是教学中的情感信息系统。实现这一目标时，情感因素就会像认知因素一样在教学中得到它该有的重视，也能够自觉地对此加以控制，让它真正成为为教学功能服务的因素。

所以，想要极力发挥出情感信息对认知信息交流的推进作用，就要站在情感因素的角度上进行审视，在拓宽、加固认知发生点的基础上将其充分地运用起来。通过对这种交互作用一系列独特功能的了解、发生和认识，实现以情促知、以知增情，情知交融向教学实际渗透、扩散，便成为本节研究探讨的任务。

（一）情感教学

关于情感教学的理论知识与依据在本章前文里已经详细说明了，情感教学形成完整的系统后该如何运用使其为教学所用呢？情感教学的指导原则又是什么？我国学者卢家楣等人对此提出过见解，不仅能够将教学思想较为全面地反映出来，还有一定的指导意义。

1. 寓教于乐

何为寓教于乐，简单来说就是将教育与娱乐融合在一起，让人能够在娱乐中学习到知识。此原则在情感教学中的运用就是指在教学过程中，教师要制造出各种教学变量，让学生在学习过程中保持快乐轻松的情绪，让教学能够在乐于接受以及乐于学习的状态下进行。此原则相呼应的是"乐学"精神。

该原则核心包括了：让学生在快乐中进行学习、让学生在认知兴趣中学习以及让学生的"外乐"转变为"内乐"这三点教学要求。

第一点，寓教于乐中所说的"乐"是指在快乐中学习，就是指教学环境因素的"乐"。比如，教师把教学环境进行创意改造，使用生动形象的教学形式，将游戏寓于教学当中，不仅能够勾起学生的兴趣，还可以满足学生的娱乐学习，从而使学生在环境中能够感到快乐。该方法虽将情感教学的原则灌输了进去，也满足了学生的需求，但是这种情绪快乐是一种低层次的，因为是通过操作来实现快乐情绪，而体育教学中不可能每次都采用这种方式来满足学生的娱乐需求。在体育教学活动中，负性情绪的教学也很重要，它能够对学生产生推进的作用。但是它对学生的促进是需要有条件来满足的，因此也不能够大面积使用。它是基本情绪领域中的一种，强度也不够大，若是无法进行新的深化便会很快失去其作用。

第二点，寓教于乐当中的“乐”，是学习中的快乐，我们把它称之为“学中乐”。

传统教学与情感教学相比，“学中乐”与“不乐”存在着很大的差异。传统教学注重认知，教师希望学生能够接受教学内容，并一直贯彻可接受性原则，但学生在接受时其情感状态如何老师并不关心。很多时候就是这种不自愿的情绪引发了厌学与学而无效的现象。反之，情感教学中的教师不单纯要看学生接不接受教学内容，还要注重学生在接受内容时是不是处于一种学中乐的状态。换句话来说，就是指在情感教学当中，教师关心的不仅仅是学生接受信息的能力，对于学生接受信息时的情感状态也要非常关心，因为要尽量让学生在接受时是快乐的。这种情绪上的快乐是由于教师把教学内容的认知变量作为操作点，从而激发出学生的学习兴趣，使其情绪保持良好。这属于情感领域中的中层强度。

第三点，寓教于乐当中的“乐”，是由“外在快乐”转变成“内在快乐”的方式。

这种快乐是属于前两种快乐的综合与积累。体育教学将学生的“外在快乐”转变成了“内在快乐”，那么就将学生的学习和其未来的目标连接到了一起。学生在思想、情感上都会树立正确的价值观念与人生观念，与此同时，也会产生强大而持久的学习动力。这种境界已经达到了体育情感教学中的最高目标与最高层次，属于情操的领域，是个性的品质。就像英国的著名诗人莎士比亚将戏剧比喻成人生中的一面“镜子”，法国思想家狄德罗也曾说过：“艺术教育不是说教，而是人类的指导者，人生痛苦的慰藉者，罪恶的惩罚者，德行的酬谢者。”因此，从我国现阶段的体育教学实践中看，体育教学情感范畴中实质性的目标就是全面培养学生的社会性。而就当前来说，还是以贯彻从近至远、低到高这种循序渐进的方式进行深化，把学生在体验学习中取得的快乐转移到社会性需要上来。好比如苏联的著名社会学家克鲁捷茨基所说的：“感情的产生是受人的社会存在制约的。换句话说，感情具有社会性。感情的基础首先是需要……”由此得出，想要实现情操的发展与形成，就要将后天的体育教育的作用充分发挥出来。

2. 以情施教

何为以情施教，施教者必然是指教师，意思就是教师在教学中要动之以情、晓之以理，要提高自身的素养，方可教育学生。如果教师自己没有高尚的情操，那就无法将学生的道德意志带动起来，更加无法实现促进学生从“外乐”转向“内乐”。所以，在教学过程中教师要进行自我修行，用自己的情操渲染学生，以情促情，让学生得到更全面的发展，从而对知识以及人生产生崇高的敬意。

我们经常用“春蚕到死丝方尽，蜡炬成灰泪始干”这句诗词来形容老师，而以情施教的原则就是这个意思，要求教师具有这种为他人牺牲自己的高尚情操。教师在教学中需要达到的境界，不仅要将教学组织好，还要在教学活动中将自己的爱播撒在每一个学生的心灵中，以此将学生的情感渲染出来。这是一种艺术的操作，也是具有高尚情操的体现。就好比怀海特曾说过的一段话：“在现实教学中没有一门课只给学生普通的陶冶，而另一门课只给专门知识。”

3. 师生情感交融

何为师生情感交融，就是指师生之间的人际情感进行交流并有回路流动的一种状态，是情感教学中的一个重要原则。它所蕴含的深意是指，作为教师应当重视师生之间的情感交流，对学生要动之以情，用自己的良好情感去诱发出学生的情感反应，从而使师生间的情感能够融合到一起，促进师生间和谐关系的发展，进而优化教学效果。教师与学生在教学活动中能够相互帮助，使彼此间的心灵沟通能够更加融洽，那么师生间的情感关系也会处于一种积极而和谐的状态中。这种情感虽说是人际互动上的，但是对于教学中伴随着认知活动所产生的情感来说仍然具有重要的意义，而且对于陶冶学生的高尚情操与发展健康的个性来说有着不容小觑的作用。“爱”的情感是属于师生情感交融原则中最基本的成分。“爱”可以分为很多种，既可以是老师对学生的“关爱”，也可以是学生对老师的“敬爱”，还可以是学生之间的“友爱”，这种不同的爱联系到一起，成了“尊师爱生”的原则。“师爱”即老师对学生的爱是师生情感交融原则中的主导作用，也是其基础要素。如何正确认识师爱与培养师爱是师生情感交融和谐气氛中的前提。

综上所述，社会性需要的发展、情绪体育积累、情感的迁移等诸多因素在情感原则形成的心理机制上所起到的作用都非常的重要。这些因素为了实现情感原则，它们彼此之间相互协作，相互渗透，共同发挥着作用。关于情感方面的原则，我们对此还需要做更深入的了解与研究，但是也可以从上述所提到的因素中看出，形成情感原则必然会有一些繁杂的机制，我们对此进行了基本模式的测验，如图1-2所示。

（二）情感教学的设计与运用

美国的教育心理学家布鲁纳曾在《教育过程》一书中提出：“学习的最好刺激乃是对所学材料的兴趣。”他认为兴趣是学习最好的教材。而赞科夫也对此提出过类

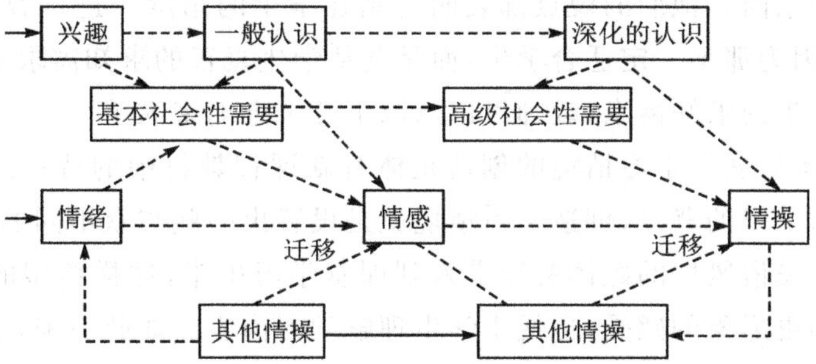

图 1－2　情感、情操形成的基本模式

似的言论，他认为学生学习需要通过知识本身来吸引。由此证明，教学内容自身就是影响学生学习的关键因素。所以，想要让学生在学习过程中产生快乐的情绪，首先就要从教学设计入手，这也是情感教学中急需解决的问题。

如图 1－3 所示，这是一个简单的情感教学活动设计图，其阐述了设计的主要安排与步骤，同时就教师该使用什么手段将学生快乐的情绪激发起来这一问题作了简要分析。

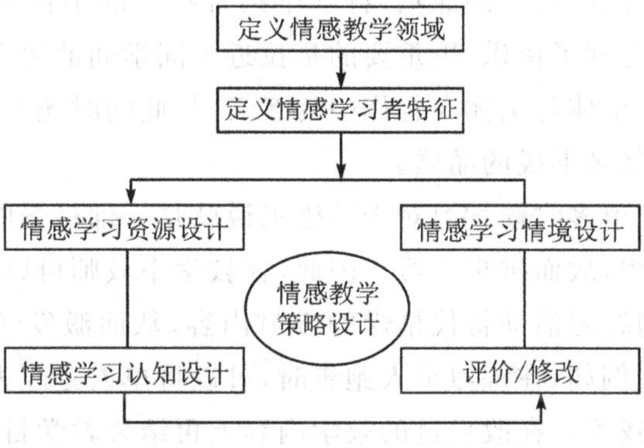

图 1－3　情感教学的设计与运用

1.从求知的满足中发展乐学

一般来说，都是从学生本身的认知结构以及认知能力上安排教学内容，但是这种安排的方式不一定能够符合学生的求知需求，故而可能会造成一种学生对所安排的教学内容不感兴趣的现象。如果内容与学生的求知需求不相匹配，就不能让学生产生快乐的情绪。由此可见，教师需要对学生求知需求进行分析，所安排的教学内容也需要尽量靠拢学生的求知需求。苏霍姆林斯基曾说："真正能够驾驭教育过程的高手，是用学生的眼光来读教科书的。"卢梭也曾说："教育的艺术是使学生喜欢你所教的东西。"他们的观点都表明要站在学生的角度上进行教学，不能传授你认为好的，因为那不一定适合学生，而是要从学生真正的求知需求上入手。为了尽可能满足学生的求知需求，教师可以从以下几个方面来入手。

(1)将背景扩展。学习情境的创造是体育新课程教材中的特点之一。所谓学习情境就是指学习的背景，创造学习情境就是设置出一些与众不同的学习背景，可以将一些具有民俗风情的媒体资源带入到课堂学习中来，这样新型的教学方式能够给学生一种更形象的感受，也便于学生理解学习内容。如此一来，不仅有助于学习，更有利于丰富学生的情感。例如，一位广州的体育老师在进行游泳课前，为学生设计"打水仗"，不仅可以让学生找回童年的记忆，还能达到开展准备活动的目的，受到学生的欢迎。

(2)将主题进行拓展。每一个教学内容都会有一个主题，这是课程开展的中心点。所以，我们要对这个中心点进行设计，将其创造出一系列具有趣味感以及层次感的学习情境。这是新课程标准的理念，不仅能够吸引学生的眼球，还激发了他们对于知识的求知需求。例如，体育课上学生的集体合作意识不强，一位老师对此进行了针对性的准备，在耐久跑课程准备练习中设计了"开火车"游戏，游戏环节不仅丰富多彩，还蕴涵了团队合作的深意，将学生结合在一起不仅完成了学习任务，还让学生在学习中感受到了快乐，更重要的是拉近了同学间的关系，增强了他们的集体合作意识，了解了个体与集体在合作中的意义，与此同时还在很大程度上增强了学生的顽强意志与坚韧不拔的品质。

(3)拓展活动。很多时候学习对于学生来说就是一件枯燥的事情，这种主观意识占据了他们的思想，故而抗拒学习。因此，在教学中教师可以适当地改变教学方式，可以借助类似的练习活动替代枯燥的教材内容，从而激发学生兴趣，让他们自觉接受，主动学习。例如，在练习单人跑步时，可以将单人跑改为"双人绑腿跑"；跳远改成"过龙门"游戏等。在改良过的教学内容上再结合教学目标上学习内容的一些练习，这样的效果将会更好。

(4)拓展延伸。以教学内容的主题为核心，再设计出一系列由易到难充满趣味的学习情境，用一环接一环的方式群集完成教学目标。例如，一名教师对"接力跑"的教学设计。针对接力跑的教学目标：第一是全面发展学生跑步的能力；第二，这是一个团队项目，需要培养学生之间团结合作的品质。具体练习分组的安排：第一步先是手拉手跑，第二步挎肘跑，第三步抱腰跑，然后左 45 度手拉手跑、右 45 度手拉手跑，再练习直线慢走学习交接棒、直线慢跑学习交接棒、直线快跑学习交接棒，最后进行比赛。俗话说，良好的开端是成功的一半，这位教师在课程开端前就为整个教学过程奠定了基础，并且将教学内容的第一步确立了出来，严格按照教学目标的要求进行，不仅给后部分教学环节带来了优越的前提条件，还让学生有效地将新课程的教学理念表现了出来，在整个过程中，教师把教学内容安排得妥妥当当，让学生能够集中注意力，并以认真积极的心态将学习任务完成得悄无声息。

南斯拉夫教学论专家弗・鲍良克曾说过一段话："教师选择的教学内容如果是枯燥、单调的，只是客观地提出一系列的事实与概念。当然，这将在学生那里产生不满足的情绪感受。相反，教师选择的教学内容若是高质量的，那么他们就能引起学生满足的感受，教学活动使他们激动、感兴趣、思想集中、专心、兴奋。"我们把弗・鲍良克所说的这段话与前文所阐述的几点内容结合起来，可以得出这样一个结论：教师选择的教学内容能够直接影响学生的体验感。

2.从成功的满足中发展乐学

我们从教学实践中可以察觉到一种现象，能够激发起学习者良好情绪的不单单只有求知需求，很多时候能够点燃学生快乐情绪的途径还有学生对于成功的满足。因此，成功的满足是情感教学中的另一种途径。

学生在学习中特别希望能够通过完成某件事来满足自己的渴望，这种满足感有利于激发起学生的积极性。很多时候，学生需要的是鼓励与表扬，而并不是一味地指责与批评。学习者得到成功需求的满足之后，对其学习行为是有强化作用的。在教学过程中，学生在活动中获得成功的体验并产生的快乐情绪对于他自身的学习来说，具有一定的促进作用，不仅能够满足学生的成功需求，还可以让学生对学习这件事产生极大的热情。苏霍姆林斯基曾经给予教师忠告："请记住：成功的欢乐是一种巨大的情绪力量，它可以促进儿童好好学习的愿望。请你注意无论如何不要使这种内在的力量消失。缺少这种力量，教育上的任何巧妙措施都无济于事。"由此可以看出，成功是一种极大的力量，这种力量可以给学习者带来无限的积极性，而且这种力量是情感教育中无法被替代的一味良药。

成功体育的教学方法安排如下。

(1)难度降低法。不管是学习什么体育项目，都会有第一次，而有的学习者可能存在天生不够灵敏的现象，对于第一次所学习的东西无法很好地适应。因此，就要将学习项目的难度降低。如，初次学习排球，对于一些困难的学生可以适当地将难度降低，原本是要站在发球线后发球，可以调整为发球线内发球，让他们有一个适应的过程。再比如篮球，根据个别学生的具体情况将距离进行缩短练习，如此一来，更有利于帮助他们完成基本动作。在进行排球教学时，很多学生面对2.43米高的网极度缺乏安全感，如果将网高适当降低，就能够帮助无法完成的同学完成基本训练，同时也能够激发他们的自信心。在训练中还有很多诸如此类的情况，体育教学也并非专业运动员的训练，因此，在训练过程中不必那么苛刻，与其要求学生完成根本完成不了的任务而打击其自信心，还不如通过降低难度的方法让他们获得成功。这种成功可能只有点点滴滴，但是在坚持不懈的努力下，滴水总会成为涌泉，也给他们带来无限的自信心，更好地投身于体育锻炼当中去。当学生获得这样的成功心理，在往后的生活中，他们就可以将这种积极因素带入到每一次困难中，并通过自己的调节将困难击败，最终获得成功。即使结果不是最完美的，但他们还是能够为成功而努力。

(2)不平等竞赛法(让获胜的机会雨露均沾)。在进行成功体育教学的比赛与游戏当中，对于资历与能力不同的学生要分别对待，不能以同一种要求去要求所有人，不仅要做到使所有学习者都能够拼尽全力地参与，还要让他们都能够获得胜利。如，在进行立定跳远的比赛时，计分模式是以与自己的个人成绩对比为主，超过个人最好成绩可获得 3 分；若是等于个人最好成绩可得 2 分；低于个人最好成绩的记 1 分。经过几轮的跳远后，将获得的分数进行叠加，评分最高者获胜。

(3)层次教学法。为什么要在成功体育教学中使用“层次教学”，因为采用层次教学法既能够考虑到个别差异，又可以将个体最充分发展的教学策略体现出来。例如，在练习长跑的时候，按照学生学习水平层次的不同设计出不同层次的练习，分到同一层次的同学可以进行相互比拼，找到每一层次中跑得最快的学生，以及任务完成得最好的学生，从而点燃学生的积极性。在跳高课的教学中也可以采用这样层次教学法，画一个圆形，在圆心的位置往四周从低到高拉四条或者多条高度不一的橡皮筋，学生按照自己的实际水平选择练习点，如果跳过了自己所选的那个高度，则可以挑战下一个高度。这种分层次的方法可以激发出学生学习的积极主动性。在完成一个高度的时候，他们也会把目标设定到下一个高度上，以此实现自我挑战。

可以把成功体育教学设计的策略分为三个阶段，分别有以下三种特征：

第一阶段的特征：教师辅助学生获得成功。在学习过程中，教师是触动学生产生学习动机的开关，适当地鼓励学生，让学生能够积极主动地参与体育学习，并获得成功的体验。如果获得了多次的成功，学生的体育基本学习习惯以及基本能力和基本成功的心理就会慢慢成为一股力量，故而形成第二阶段的循环。

第二阶段的特征：学生自己尝试成功。到了第二个阶段，教师的辅助性功能降低，让学生自己尝试成功，以促成学生积极参与体育活动为目标。在此之前，教师要为该次的体育活动创造出优越的前提条件，从而点燃学生的主动性。学生在尝试的时候，所获得的成功将会远胜于第一阶段，而对于学生自身的成功心理以及想要获得成功的能力将会走上更高的层次，慢慢实现自我鼓励的状态。在尝试成功阶段的循环中，学生会发现自己的能力，教师也会在其间看到学生的状态，进而产生第三阶段的循环。

第三阶段的特征：学生学会自己获得成功。此时，虽然学生已经成为主体，但是教师的辅导作用仍然不可或缺，此阶段的目标是在教师的辅助下学生形成自我期许，自觉主动地将成功的机会攥在手中。在学生自己争取成功阶段进行循环时，学生也慢慢形成了稳定的自我学习的内部动力机制。

3.从兴趣的满足中发展乐学

俗话说，兴趣是最好的老师，很多时候我们都可以将一件喜欢的事情做得很好。相反，有很多我们讨厌的事情也不会尽心尽力去做，故而做得不够好。关于从兴趣的满足中快乐学习，教育家索洛维奇克也曾说过这样一句话："凡是我们能做好的事情，我们就喜爱它，凡是我们不会做的事情，我们就不喜爱它"。从古至今那些乐学教学的人都在找寻想要实现让学生在娱乐活动中进行快乐学习的课题。虽说教学活动与娱乐活动分别属于不同性质，但是两者间的关系并不完全排斥。学生把学习定义为一种枯燥的东西，对教学内容提不上兴趣，如果将学习内容本身赋予一种具有趣味性的形式，如游戏的形式，那么充满娱乐性的教学活动就可以在这个领域中进行统一，具有相同的意义。这对于教师的教学工作而言，具有非常大的优势，充满娱乐性的教学活动不仅不会受学生排斥，还会受学生的欢迎。故而，将恶劣的态度转变为一种积极的态度，也提高了学习的积极性。杜威曾说过："经验表明，当儿童有机会从事各种调动他们自然冲动的身体活动时，上学便是一件乐事，儿童管理不再是一种负担，而学习也比较容易了"，"总之，学校所以采用游戏和主动的作业，并在课程中占一明确的位置，是理智方面和社会方面的原因，并非临时的权宜之计和片刻的愉快惬意"。由此可见，在兴趣中进行学习，对于学习者来说，学习将不是一件难事，而是一件乐事。从兴趣需要的满足中引发乐学的方式有两种，即在兴趣情绪中引发出来和制造出某种情境满足。研究表明，很多优秀的教师会有以下几点做法。

(1)在兴趣情绪中引发。不管做什么事情，都要有一个心理准备，才不会造成手忙脚乱的局面。教学亦是如此，教学进行前期，学生也要有心理准备，就好比夸美纽斯在《大教学论》一书中所说："铁匠在打铁之前，必须先把铁烧热。"所以，在对学生进行教学活动时，他们脑海中所存在的兴奋点与教学活动无关，对将要学习的课题提不起任何兴趣，那学习对于他们来说就是被动的。强迫一个人去做一件事，必然不会取得好的结果，因为学生对于教学活动没有任何心理准备，在这样一种情况下对他进行强行灌输，教学效果必然不理想，甚至更差。对此，苏霍姆林斯基也提出过类似的观点："如果教师不想办法使学生产生情绪高昂和智力振奋的内心状态，就急于传授知识，那么这种知识只能使学生产生冷漠的态度"。在教学活动的前期阶段，教师要努力把学生带入到教学活动过程中来，可以利用以下几点方法：

①运用巧妙的技巧(具有挑战性的提问,给学生带来强烈的视觉刺激使他们对接下来的教学活动有足够的心理准备);②利用眼神、语言或者手势等展现出热情与活力;③利用一种与众不同的方式呈现出来;④利用奖励与表扬的制度;⑤收集学生真正的想法,将其列入教学当中,从而勾起学生对教学内容的兴趣。

教师在教学过程中不能够用单一的教学方式进行讲解,要利用各式各样的形式将教学内容展现出来,新颖而特殊的方式才可以引发学生的注意力,并将教材中包含的艺术性、启发性、趣味性等都呈现出来。同时,利用教材中的精华部分引发起学习的欢乐气氛,勾起学生的兴趣欲望,学生也就自然而然地参与进来了。赞可夫曾说过:“不管你花费多少力气给学生解释掌握知识的意义,如果教学安排不能激起学生对知识的渴求。那么,这些解释仍将落空。”想要让课堂变得有趣又生动,可以采取前文中所说的几点方法,如扩展其背景、扩展延伸等。著名的教育家巴班斯基曾说过:“一堂课之所以必须有趣味性,并非为了引起笑声和耗费精力,趣味性应该使课堂上掌握所学材料的认识活动积极化。”由此可知,课堂上的趣味性是让学生产生积极主动性的重要因素,没有人愿意枯燥乏味地学习,也没有人愿意毫无准备地开始学习。所以,在兴趣情绪中引发乐学是非常重要的,对于教学效果来说具有重要意义。

(2)制造出不同的情境、寓知于趣。从当代教育心理学中我们可以得出一个这样的结论,教学设计的主要因素包含了教材的情趣性与认知性。通过教学实践可知,将能够满足学生快乐的组织机构和心理沟通的交往形式组合在一起,会出现不一样的教学效果,如此一来,体育教学的本质就包含了显性教学的组织发生和隐性教学的滋生,而教学的整个过程中就蕴含了知识因素和情感因素,两者相互融合流淌在整个教学活动里,不仅可以为教学课堂带来别样的生机,还使教学效果愈发优异,使知识融于兴趣中。就好比夸美纽斯曾提出的:“兴趣是创造一个欢乐而光明的教学环境的主要途径之一”这一说法。

因此,在教学过程中,要让认知因素以及情感因素间具有一定的协调性与统一性。对于这一客观教学规律,要有深刻的认知与了解。同时,这也是将改革进行深化前必须要解决的根本性问题。详细的做法有以下几点。

第一,寓知于境,将情境因素的引导作用发挥出来,促使学生的认知情趣迸发出来。要将已确定的教学内容与学生的求知需求相匹配,最大程度上将满足学生快乐的组织结构表现形式和心理沟通的交往形式相互组合在一起,促使它们能够完全相符合。譬如“健康工作五十年,幸福生活一辈子”“健康不仅是没有疾病或不虚弱,而是身体的、精神的健康和社会适应幸福的一种完美状态”。利用这样一种理念点燃学生学习动机的内在趋力,既能够调动学生的积极主动性还可以激起学生产生社会性需要。

第二,找到学生期望完成的某一件事以及需求上兴趣转移的原点,利用学习的趣味性将兴趣成功地转移到体育学习上来。例如,学生想要评选“三好学生”“优秀班干部”等奖项,而初中体育统考成绩需要达到一定分数才能够参加评选。如果学生对此有强烈的需要,同时教师又可以对此进行正确的引导从而促成这种需求的实现,在学习中让学生对体育活动有全面了解,并将其带入到未来生活当中,用这种新的层次引导学生能够积极参与体育练习,并实现最终目的。

第三,古语云:“数子十过,不如奖子一功。”盲目的指责比不上一次鼓励。从古至今,就倡导用鼓励的方式教育学生。因此,可以根据学生认知成功的具体表现,制定出相应的奖励,点燃学生的求知欲望。比如,对于学生的学习,教师要时常给予表扬,这样可以增加学生的自信心,并对教学中存在的可调控因素加以利用,为学生提供进行自我展示的机会。同时,将奖励的机会增加,让学生在学习中能够取得愉快的体验,强化兴趣转移的力度,从而促使学生更加热爱体育运动。值得注意的是,每一个学生都是一个单独的个体,他们的智力与能力都存在或多或少的差别,为了让每一个学生在体验活动中都能够获得快乐感,教师需要做到因材施教,进行分层次教学,保证每一名学生都拥有快乐的情感体验。

第四,创造出竞争形势的情境,让学生在竞争中感受到快乐情绪的体验。但是在某些客观因素下,如智力差异等,想要使每一个学生都获得快乐情绪就必须要针对其个别差异采取相应措施,为他们提供特别的学习背景。美国心理学家 J. M. 索里在《教育心理学》一书中指出:“想超过别人的愿望,想干得比自己的对手更好的冲动,这在小时候几乎成为每个人的癖性。在大多数情况下,大多数人在竞争中的工作都比没有竞争时的工作要做得多些。”这一研究表明有竞争的环境可以促使人们进步,每个人都有一颗争强好胜的心,希望自己比别人做得好,学生时期这股劲就愈发明显。因此,利用学生的“好强心”,对其进行添枝加叶,然后根据每一个学生的特点来制订相应的学习计划,提供相应的学习环境以及学习资料,并给予强化训练。如此一来,拥有一颗好胜心的学生就会把兴趣变成斗志,最终成为他们的志向。美国的心理学家对此提供了三点建议:①为了激发学生的尝试心理,要让所有的学生都感受到他们存在一个成功或者失败的可能性,想知道结果就需要亲自去实验。②要为学生提供各式各样的竞争活动,这样才有可能让所有学生获得成功。③要让学生明白一个道理,竞争最大的对手是自己,自己能够一步步进步就是最好的结果,不要太过关注他人做得有多好或是做得不如自己。

三、学习者的行为发展与教学设计

什么叫作学习?学习的理论就是指在一个人的成长历程中因为某种理念而使他的行为或者某种行为潜能发生变化,这种变化可以持续下去的一种过程。有效的教学策略一定是以辅助学习行为为主,方可使学习者的学习效果有所提升。教师进行教学设计的时候,必须要围绕着教学内容以及主题,选择策略的同时要以能够强化学习行为的策略为主，从而提升学习者的学习效果。布鲁纳曾在《教育的适切性》一书中提出过这样的观点，学习又分为表层过程与深层过程。表层过程就是指掌握知识；深层过程就是通过学习构建出来的思考方式形成的学习行为。

想要使一堂课能够深入学生的脑海，并让学生认知和掌握学习过程的方法以及与自己相关联的紧密性，只进行简单的练习和组织是远远不够的。想要强化学生的学习行为，教师就必须进行缜密的教学安排，如：提前安排课前准备，安排学生根据教学内容收集资料并以小组的形式分配角色；课堂上组织练习、讨论、表演展示等。如此一来，学生不仅能够轻松掌握学习知识，还培养了学生动手动脑和团结协作能力。教师在课堂上的任务不是单纯地让学生学习到知识，更重要的是希望学生把体育学习的科学方法和生活方式这两者联系在一起。这样的方式不但可以让学生产生自觉学习的行为，还可以增强他们团队合作精神，也有了表现自己的机会，从而让学生认识到深层学习的过程是如何形成的。想要实现这一教学目标，普通的教学形式还远远不够，在今后的体育教学中，将这种教学方法有针对性地加以利用起来，一定可以让学生受益良多。

现如今，在课程改革实践当中，我国已将课程目标规定为知识与技能、情感与态度以及价值观、过程与方法这三大领域。实际上，这样规定就是为了体现出心理发展目标的核心地位，如知识与技能实际上就是指学生的认知发展，而过程与方法则指学生的行为发展，情感与态度以及价值观指的是希望通过情感发展推进学生行为的养成。体育教学目标的认知、行为与情感发展的三大组成部分，最终的落实指向学习者的体育行为习惯的养成。

为了证明以上言论，作者特地研究了教学设计与学生行为发展之间存在的关系，特别是教学设计能否促进学生健康行为的发展。为了让学生得到更浓烈的情感体验与更深远的认知，并更迅速地培养体验健康行为，学校让学生亲自去体验，亲自去做，在学习中做，在做中学习。所以，我们认为关于该问题的探索非常有必要。

什么叫作行为理论，它属于一门后起的交叉学科理论，是在特殊文化背景下对人的行为活动研究的一种理论。它的基本思想是：人类行为是人与形成社会和物理环境的事物以及社会和物理环境所造就的事物之间的双向交互的过程。所以，人的行为和意识之间存在着辩证统一的关系，意思就是说人的外部行为与心理发展是辩证统一的。由此得出，行为理论在体育教学设计中的地位不是一个小兵小将，而是全新的理论框架，是处于骨干的地位。把行为理论作为体育教学设计的基础，能够帮我们实现以下几个方面的任务，如图 1－4 所示。

(一)对学生行为进行分析以及设计

行为理论证明了意识与行为是辩证统一的关系。所以，系统分析学生的行为

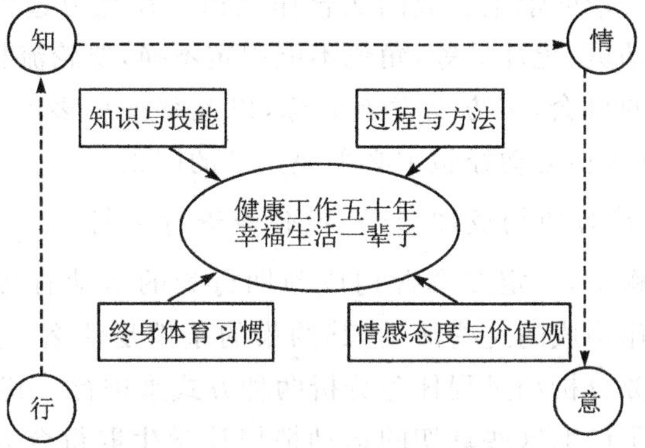

图 1-4　体育行为发展的基本任务

是首要任务，而教学设计的核心工作就是设计便于指引学生学习行为的教学方案。

1. 对行为客体与目标进行分析

确定好学生行为的客体与目标是教学设计的首要任务。制定学生行为目标的可能是教师，也有可能是学生对照教学目标选择出自己擅长与热爱的。换而言之，确定教学目标不是分析学习行为目标的主要因素，而是要判断出学生对于教学目标的理解与取舍。

2. 对行为主体即学生的特征进行分析

学习起点、学习风格以及人际交往等特征都属于行为主体特征。所谓学习起点，就是指学生目前拥有的知识技能水平、情感态度等。学习风格就是指学生在学习过程中养成的学习习惯，如在什么时候学习、在什么环境下学习、用什么思考方式等，换言之就是学生学习的偏爱，如有的学生喜欢排球，而有的学生喜欢学习篮球。人际交往特征就是学生在进行人际交往时所表现出来的特征，如性格是内向还是外向等。

3. 对学习团体与角色分工等进行分析

明确学习者进行学习过程中的人际环境。以班或学习小组为单位的都属于学习团体。在进行教学设计时，要观察学生之间的交往规则，在交往规则的基础上帮助活动团体制作出有针对性的活动行为规范。若学习行为需要进行角色分工，就要辅助学习小组明确分工。分工要明确到个人，包含任务的划分、每个人应该尽到的职责与义务等。如，在一次运动季里，学生根据自己的喜好进行自由组队，或者是体育老师根据学生的能力进行分组。在这个运动季中，学生以小组为形式进行体育活动，小组选出一名组长，并在组长的带领下，一起研究比赛的技术与策略。

利用这样的团队模式帮助学生养成团队合作意识。在练习过程中，学生要进行角色扮演，如裁判、运动员、统计员等，角色不能固定不换，要轮流替换，让每一个成员都有尝试其他角色的机会，多方面发展锻炼，以此掌握更多的运动知识与运动心态，从而更好地了解成功运动经验中必须要具备的因素。

4.对学生学习行为的构成即活动、操作等进行分析

在教学设计过程中，一定要掌握构成预期行为的活动有哪些，其目标又是什么？又是由哪些操作构成的这些活动，其约束的条件是什么？关于这些问题的分析可以通过学习任务分析和过程任务分析两种方式来进行。其实对学生进行运动教育的目的就是为了借助这些真切的运动情境让学生取得全方位的教育与发展，成为一个有能力、有教养、有激情的运动参与者。

有能力的运动者，就是指掌握的技能足够多，参与比赛的运动技巧足够强，遇到问题能够及时提出解决办法，并具有丰富的运动知识的人。

有教养的运动者，就是指通过运动教育之后能够尊重运动规则并懂得运动传统习俗与礼仪的人，不仅能够辨别运动是非，还拥有运动欣赏的能力。不管是参加运动比赛的运动者还是观看比赛的观众都应该具有良好的运动教养。

有激情的运动者，就是指通过运动教育后能够积极参与各种不同民族运动以及学习不同民族地区运动文化的人，学习之后还要学会积极传承下来，为运动文化付出自己的精力与时间，将各类运动文化很好地发展开来，为他人在运动中的成功奠定基础。

运动教育有一些非常重要的目标，如：在课余时间能够积极地参与运动；学习与发展有关于训练和裁判的知识；提高解决运动问题的能力；发展欣赏特殊的运动习俗与运动仪式的能力；学会团队合作，朝着同一个目标前进；尝试扮演领导角色，培养自己的责任心；学会与他人分享运动经验，并具备与他人共同策划运动的能力；积极参与适合自己身心发展的运动；在进行运动比赛时，具备评价与运用战术的能力；发展自身的专项运动技能等。

5.对学生的学习工具(效能工具)、认知工具和交流工具进行分析

所谓效能工具就是指能够为学生工作效率提供促进作用的工具，如场地、器材以及组织安排等。而认知工具就是指为学生发展思维方面的能力提供各种方式，如体育知识系统、数据库等。交流工具则是促成师生间进行沟通的重要工具，如合作交流、探讨等。教学设计者制定教学目标时首先要明确学生在完成学习目标时会用到哪些工具，掌握不同的工具的主要特征与性能，如支持哪一种活动和操作。

6.选择与设计出预期的学生行为

教师可以通过上面的分析结果将学生的学习行为选择和设计出来了。设计和

选择出来的学习行为其分工是明确又公平的，而人际交往的规则也是明了易执行的，对于这种行为的认知工具来说既是多种多样又容易取得。学习行为整体来说就是操作与基本活动都容易完成，评价的标准不仅明了又便于实施。

（二）设计学习环境

所谓学习环境就是由学习的资源以及人际关系所形成的学习氛围。学习资源就是指学习者需要用到的学习材料（信息）、能够帮助学习者获得学习的认知工具（能够获得、保存信息的工具）、学习的背景即学习空间和场地等。人际关系包含的范围比较广，如师生间的人际关系、学生间的人际关系。关于这个方面的实例正如新运动教育技能类的教学模式，如图 1－5 所示。

按照学习行为的需求明确所需要提供的学习资源与需要维护哪一种人际关系是分析学习环境的首要任务。同时，学习环境要尽全力为学生提供容易获取以及方便使用的认知工具、简洁易行的人际交往规则、精准无误的行为规范及公平公正的劳动分工，做到这些才能够最大限度维护学生的学习行为。

此时，教师不再是学习材料的主要来源，而处于人际关系层面。同时，教师也不属于学习者的辅导老师，而是一个群体学习中的学习参与者，不仅可以借助人际关系来引导学生管理好自己的学习活动，还需要利用学生这个身份融入学生的学习活动当中去，亲自体验。

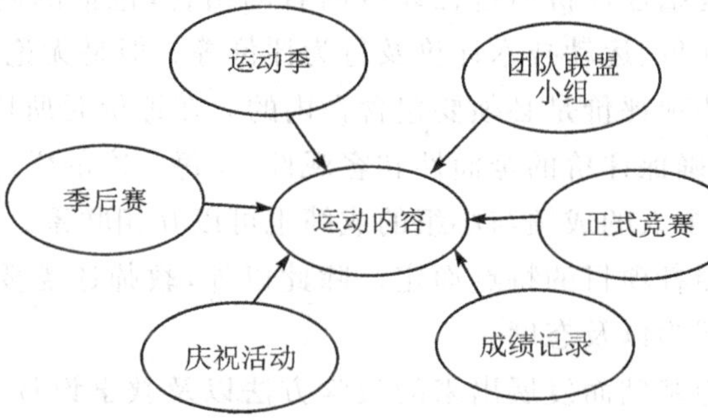

图 1－5 新运动教育技能类教学模式的学习环境设计

（三）设计教学传递

如图 1－6 所示，这是一个成功体验教学模式的操作程序。如何明确学习材料的媒体形式以及学习材料所呈现出什么样的顺序是教学传递设计的主要任务。

（四）对学生的行为进行评价

从行为理论中可以得出，对于离开行为所发生的环境，人们无法将行为正确地解释出来。所以，对学生的行为进行评价时，需要根据两个方面进行判断，一方面

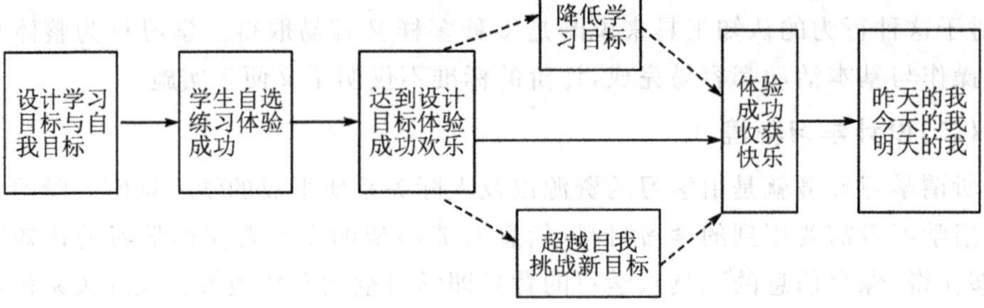

图 1－6　成功体育教学模式操作程序

要看行为结果，也就是看预期的学习目标有没有实现；另一方面还需要看行为发展的变化过程与影响行为的环境条件。例如，学生有没有因为不熟悉认识工具导致学习材料的准备工作没有完成，有没有学生因为自身的生理或心理障碍对进行人际交往行为造成阻碍。综上所述，我们可以得出一个结论，行为理论所支持的教学评价是一种综合性的评价，同时还是从历史角度的、发展的以及辩证的眼光对教学做出的一种评价。

（五）用运动教育的模式来进行学习评价

运动教育注重终结性评价与过程评价两者的结合，包括的内容主要有以下几点：认知评价、战术评价、运动技术评价及行为评价等。但是无论是哪一种评价，角色扮演者与运动者两项评价是必须要包含在内的。在评价时所用的方法最好是分数累加法，这样可以确保评价的全面性和客观性，让每一次的学习都能够与最后的评价联系在一起，而个人的成绩与小组的成绩也可以互相联系。当然，最终的评价方法还是由教师按照各项目的特点而定。除此以外，教师还需要考虑到的因素就是学生参与运动的行为以及态度。

把行为理论作为基础而发展出来的教学方法以及教学设计多不胜数，而活动教学法就是其中一个最典型的例子。何为活动教学法，就是指在教学中引入一些具有创造性、实践性的以学生为主体的教学活动，目的是为了点燃学生的积极主动性，全面发展学生的整体素质，从而激发出学生主动思考、主动参与、主动创造的特性。这是一种新型的教学观和教学形式，用这种教学法进行教学设计，对于学生来说可以获得更多宝贵的知识技能。比如，“角色扮演法”就是培养学生体育学习行为方法中的一种。

角色扮演顾名思义就是搁浅自己本来的身份，把自己放置到其他人的位置上去。用这种方法进行培养学生体育学习行为就是将学生暂时性地置身于某种特殊的社会位置上去，其行为举止和态度都要按照这个特殊角色来实行，以便增强人们对于该角色的认识，也便于学生自己能够更好地扮演该角色，掌握扮演该角色的心理技术。

例如，体育教师用这种形式来安排一场活动，探讨体育学习对于行为发展来说存在什么影响。他会提出一个假设性问题，如“你的同伴在学习时遇到了挫折你该怎么办?”让学生分组进行讨论，让组内成员扮演那个需要别人帮助的同学，提出问题，再找另一位同学来扮演那个帮助他人的角色，要将帮助的形式表现出来。进行一轮之后，俩人交换角色继续进行扮演。

赞科夫在《教育与发展》一书中说过这样一句话：“教学法一旦触及学生的情绪和意志领域，触及学生的精神需要，这种教学法就能发挥高度有效的作用。”经过实验之后，有数据表明，受到过这种训练的学生对于没有受过训练的学生而言，前者乐于助人的精神更明显。我国也有研究表明，角色扮演能够让学习者身临其境地感受到帮助他人或被人帮助的美好，角色训练对这种助人行为有着非常大的促进作用。

活动式教学具体的设计安排如下。

(1)基本原则是以活动教学为主。指导思想是用活动的形式促进课堂教学的发展。活动式教学实质上就是指学生学习与发展的基本途径都是以活动为主，围绕着活动展开一切行为，不管是学生的情感、态度以及价值观的形成，还是思维与智慧的发展，都是在主客体相互作用下而实现的，想要为学生发展提供最好的途径只能靠活动，并且能够帮助学生将潜在发展的可能性转化为现实发展的肯定性。

(2)要重视在活动中体现出来的开放性与创造性。参加某种活动时，良好的人际氛围是非常重要的，只有在开放、轻松的氛围中才有可能让学生形成独立自主的心态。如此一来，就能为学生取得创新性学习成果以及创造性的思维带来有利条件。

(3)封闭式的课堂与开放性的课堂其根本区别就是前者给人压抑感，而后者给人轻松愉悦感。因此，创造开放性的课堂是活动式教学中非常重要的一种表现形式。可以在活动室建立课堂，或者建立社会小区课堂与跨区域性的大型社会课堂。

(4)保证师生之间的关系是和谐民主的。人与人之间的相处首先要做到的就是尊重与信任，师生之间也是一样，教师要极力尊重信任学生，学生亦是如此。教师要尊重学生独特的思考方式，尊重活动的特殊性与差异性，让学生成为学习与活动的主角。在活动中，师生之间应是地位平等的指导者与咨询者。

(5)把学生看作主体，为其制定出多姿多彩的教学内容。

(6)设计出多种多样的教育样式，灵活运用。如演讲、辩论、多媒体教学、模拟活动等有趣的方式。

(7)设立各种奖励机制。如评比、表彰、颁发奖状等。

(8)对评价体系进行适当改革。首先对每一个同学的进步都要进行认可,对那些极具创意性且有参与性的活动进行奖励,可以很大程度上推进学生的创新意识。

四、确定学生的起点能力

教学的路程就像是一场旅行,在出发前,首先要确定好起点和目的地。在教学这场旅行中,教学目标就是其目的地,而教学的出发点就是学习者起点的能力。对学生起点能力进行分析就是确定好该怎么开始教学这场旅行,也是这场旅行中的第一步,我们称之为出发点。

起点能力其实就是指学生在学习新的教学内容之前,前期所具备的知识技能水平及学习态度等情况。分析好学生起点能力有利于后续工作的进行。假如,没有对学习者进行起点能力分析,很有可能造成学习的新内容与学习者相排斥的现象。如果把学习者的起点能力定得太高,而在实际进行中,学习者的实际水平跟不上学习的内容,那对于学习者来说将是毫无意义的。相反,若学生的起点能力水平定低了,那学生在学习时将会耗费很多时间与精力学习自己早已经懂了的知识。由此可见,明确学习者的起点能力对于教学设计来说有着至关重要的作用。

(一)明确学习者的知识起点能力

这里所说的知识起点能力就是指学生拥有的基础知识与认知结构。不管是建构学习理论还是奥苏伯尔的意义同化理论,都认为学生原本具有的认知结构是新知识的培养基础,就好比一棵露出头的嫩芽,它露出的部分以及根部都是它原有的认知结构,我们接下来要培养的就是从它原有的基础上进行。

(二)明确学习者的技能起点水平

分析学生的技能起点水平,首先要掌握学生学习某种任务前必备的从属技能,包括技能的熟练程度。

(三)明确学习者的态度起点水平

学习态度的起点水平在教学设计中所具有的教学效果也非常重要。在学习中,学习者所保持的较为牢固的行为倾向,我们称之为学习态度,学习态度是多种多样的,有的积极、有的消极,或肯定、或否定。学习态度是个体倾向的体现,对个人行为有着举足轻重的影响。因此,对于学习效率而言也具有非常重要的意义。

想要精准地将学生的学习态度测评出来,其难度都是有目共睹的。对此,使用“态度量表”是一种最常见的测评方法,如表 1-1 所示。

表格中每一种陈述都是对体育学习态度的表述,学生根据陈述判断出认为同意的。你对这些陈述的态度可以分为:非常同意、同意、不确定、反对、非常反对。

表 1-1 态度量表

非常同意	同意	不确定	反对	非常反对
(1)我非常喜欢体育,并对它有浓烈的兴趣				
(2)我有点排斥体育,不喜欢体育				
(3)体育课上的我总是感到非常不安				
(4)体育能够给人带来惊喜的感觉				
(5)非常喜欢体育,因为它让我感到非常刺激				
(6)体育使我浑身不适、不安,甚至不耐烦				
(7)一般而言,我对体育还是有好感的				
(8)"体育"这两个字就让我很抗拒				
(9)我带着怀疑和犹豫的态度接近体育的				
(10)我特别喜欢体育				
(11)在学校的课程中,体育一直都是我喜欢的				
(12)一想到体育我就紧张				
(13)体育使我内心很平静,非常热爱它				
(14)体育对于我来说是个很可爱的家伙				

除了用态度量表测试之外,还有很多方法可以测量学生学习的态度起点,如观察、谈话等。同时,还需要注意的是,要时刻关注学生学习态度起点有没有发生改变。

对此,教师需要做到的几点是:首先,充分了解认知发展、行为发展和情感发展三个方面的发展在教学活动中所持有的各种属性,以及在学习效能中起到的作用。在教学设计前要整理好思路,研发出有效率的教学目标,把所有对学习成效产生积极反应的教学策略都挖掘出来,从而将自己的教学设计进行优化完善。其次,要为学生创设多种不同的教学环境,根据学生学习程度的差异制定出不同的变量,提高学生的参与程度,并培养学生的学习兴趣,激发学生乐学的动机;努力营造出被学生所接纳的、乐学的课堂气氛,与学生建立良好的人际交往,一起分享学习的快乐。最后,把"以学生为中心"的教学流程以及"为学习而设计"的教学策略充分地发扬起来。

第二章　高校体育教学设计的理论基础

体育教学设计是一门应用性较强的学科，是一种以解决教学问题、提高教学质量为目标的计划过程和操作程序，因而要做好体育教学设计需要足够的理论基础以支撑其系列动作和决策。

第一节　体育教学系统

一、体育教学系统的构成

体育教学系统是学校体育系统的一个关键系统，从教育意义上说，体育教学系统是学校体育系统中的核心系统。基于当前学界研究的一些现状，从系统的视角对体育教学系统进行整体性论证和分析的研究并不多见，本书试图运用系统理论对体育教学系统的概念内涵和层次结构及其要素进行论析，以期进一步优化体育教学系统结构，充分发挥体育教学系统功能，把握体育教学系统发展规律，进一步推动体育教学系统的改革与发展。

教学过程就是一个系统，其中包含师生、教学媒体、学习条件、情境与学习方法等诸多要素。

（一）教师

教师是教育活动的一个重要内容，离开教师，教学即不成立，无法构成师生双方的教学互动。教师展开和完成系统设计，因此有人提出系统化教师的概念。系统化教师，即能够系统设计教学并有效利用反馈对教学活动进行科学调整，取得良好的教学效果的教师。

（二）学生

学生是教学的对象及主体，没有学生就无法构成教学这一双边活动，教学就失去了本身意义。一切教学活动立足于学生实际，从学生出发，最终为学生发展而服务，教学过程也是为了学生而优化设计。因此，体育教学方案必须要符合学生特点，这是体育教学设计的关键所在。在体育教学中，学生的特点通常是指学生的生理、心理以及社会特点，这些特点会直接影响体育教学设计，影响教师对教材内容的选择，对教材内容的组织，对教学手段的使用以及对教学组织形式的选择等。

(三)教学媒体

教学媒体，即教学中教师与学生相互之间交换、承载、传递信息的载体。信息只有以文字、视觉形象、口语等形式存在，信息交换才有可能实现，因而体育教学必须要具备教学媒体这一内容。教学媒体主要有硬件和软件，具体在下文第六章做具体分析和说明。

(四)学习方法

学习方法，即为实现特定教学目的，师生所采用的工作方法。它是教学活动必不可少的内容，不同的学习目标，不同的学习风格，不同的学习对象以及不同的教学情境都会对学习方法的选择和应用形成影响。

(五)体育教学内容

体育教学内容，即指体育教学中特定的运动项目、体育理论和知识技能等内容。体育教学内容的选定基于具体的教学目标，符合学生的学习发展需求，适应于学校的教学条件，根据内外多种因素和条件综合决定。

二、体育教学系统的内容

(一)体育教学内容概述

体育教学内容是根据体育教学目标、学生发展需要、教学条件、教学环境，从体育素材到体育教学内容所需要完成的“选择”“编集”“改造与加工”和“媒介化”四项主要工作。

(二)体育教学内容与一般教育内容和竞技运动内容的区别

体育教学内容属于教育内容，形式上区别于传统的其他学科的教学内容，其首先源于竞技内容，却又与竞技运动体系相差较大。因此形成了它独特的教学内容，使得其知识技能、教学内容的选择和加工、教学过程的具体开展更加具有复杂性。

通常来说，体育教学内容与传统的其他学科的教学内容主要有以下几点区别。

(1)体育教学内容是根据体育教学的目标选择，根据学生身体发展需要而具体加工的教学内容。

(2)体育教学主要以人体大肌肉群的活动状态为教学内容，而非是以学科性的、理论性的思维性的教学内容为主。

(3)体育教学在特定的体育教学条件下进行，通常都在开阔的室外环境下展开。

例如，语数外三科都没有运动媒介，教学内容也绝对没有包含大肌肉群运动、运动技能的培养和形成等。此外，一些与人体活动相关的教育内容也不能算作是体育教学内容，如军训中伴有大肌肉群运动，但因为其没有以运动技能形成培养为目标，也不具备一定的教学环境，因而不算是体育教学内容。

通常，体育教学内容与竞技运动内容主要有以下几点区别。

(1)体育教学内容以教学目的为中心而展开设计，并始终以实现教学目标而具体开展，而竞技运动内容的主要目标则为竞赛和娱乐。

(2)竞技运动项目在进入课堂之前，一般要根据教学的需要对其进行改造、组织、加工，即对竞技运动项目进行必要的教材化改造。因此，经过改造后的竞技运动项目更能符合体育教学的需要。

三、体育教学系统的运行

教学系统的运行，即包括信息输入、信息转换、信息输出三个阶段，具体来说这就是指教学过程。教学过程的运行即通过以上的信息传递来实现。

教学过程中，教师与学生之间有着频繁而密切的信息交换互动行为：教师或其他信息源发出信息，信息通过特定的通道或媒体传递给学生，学生接受信息后经过大脑进行信息的加工、分析活动，并做出反应活动，如提问、练习、完成动作等。学生反应活动的信息通过特定的通道或媒体传递给教师，教师获得学生的反馈信息认识和了解自己的教学效果，调整教学行为，对教学过程实现更精确而科学的控制。

第二节　学习理论

一、学习的含义

学习是人们想要获得发展而进行的一种普遍性的活动。从生物进化论来看，人类的学习行为包括自然界一切有机体的学习行为，都是为了适应环境，获得生存(发展)可能，进而认识环境、改造环境。人类即通过学习认识世界、适应环境和改造世界。学习是一种普遍性现象，但其本身也是一个较为复杂的内容。不同学者对于学习的认识各有不同，许多心理学家从不同的角度、不同的需要、不同的标准对学习进行分类。著名教育心理学家加涅对学习进行了具体分类，将其分成为一个具有递进性的、层次性的系统结构，主要分为以下八类。

(1)信息学习，如经典条件反射，包括不随意性反应。如人们在过马路时，看见红灯就停，看到绿灯就行。

(2)刺激反应学习，如操作性条件反射，属于随意反应。如小学生在获得老师或家长的褒奖而学习。

(3)连锁学习，指一系列刺激反应动作的联合。如在教学活动中，学生听到教师点他的名字(刺激),学生出列走到队伍前面向教师(反应),听到教师要求其完成某项动作(刺激),学生完成某项动作(反应),听到教师让他归队站好(刺激),学生归队站好。

(4)言语联想,是指根据言语刺激和反应行为的顺序组成的反应。如将单音节连成复合音节,将单词组成句子,翻译外文单词等。

(5)辨别学习,即认出多种刺激的异同之处。如学生区分和利用不同的篮球战术。

(6)概念学习,即在对刺激进行分类时对事物抽象特征的反应。概念包括两类:具体概念如桌子、树木、老虎等;抽象概念如温度、质量、平方根等。

(7)规则学习,即几个概念组成的各种定理、定律或原理的学习。

(8)问题解决或高级规则学习,即在各种条件下使用规则来达到目的。

二、学习的一般条件

学习是人们实现自我发展的一种途径和手段,是信息自我加工的过程,良好的学习条件有利于保障更高的学习效益。学习的一般条件主要包括以下几个方面。

(1)良性的学习刺激。对学生进行有效的学习刺激,有利于信息被学生接收。

(2)良好的注意力和动机。学生具备良好的注意力和学习动机是实现有效教学,完成教学活动所必要的重要内容。

(3)注重学习习得的反应。这一过程主要包括参与、注意、心理加工等外显行为反应。此外,还包括回忆、联想和心理默诵等非外显的问题。通常来说,教学主要讨论外显反应。

(4)强化与形成性反馈。强化学习通常来源于外部,也可以来源于机体内部。外部强化包括奖赏,内部强化即为个人心理建设和行为强化。相对来说,外部强化后会呈现后期衰退可能,内部强化则相对来说更持久、更有效。根据具体的、方向性的定量信息形成的形成性反馈有利于强化学习,这比笼统的表扬起到的效果更直接和明显。

(5)尊重个体不同认知风格。不同的学生在身心发展条件上各有差别,其认知风格也互相迥异。通常来说,学生的认知风格主要包括研究型和接受型等两种。为促进学生统一进步和发展,教师应根据不同学生的不同认知类型而具体展开教学。

(6)充足的场地器材。体育教学不同于室内教学,其大多都在室外环境下进行,并且所需的器材工具各种各样。要确保教学的有序展开,有效提高教学质量,预防危险事故的发生,必须要确保充足的场地器材。

三、学习的变量

学习是一个系统、复杂的过程，其中任何一项因素都会对整体学习情况形成重要影响。学生、外部环境都是这一学习活动的变量，对学习效果起到至关重要的作用。

(一)学生自身的因素

(1)学生的认知结构变量。体育教学中，学生对这一学科中已经掌握和了解的知识在其内容和组织方面的特征会制约影响另一学习任务。学习是一个循序渐进的过程，体育教学同样如此。学生获得的已有的知识及其学习办法，会直接影响到其他新的知识内容的学习。

(2)学生的发展准备。这种准备是指学生在这一智慧发展阶段特有的智慧能量与功能。不同年龄阶段，学生的认知发展明显不同，年龄相对较大的学生相对来说习得知识更为容易。

(3)学生的学习动机与学习态度。学生的学习行为始终是一种能动性行为，学生个人的动机与态度直接影响学习活动，学生对这一门学科的求知欲、发展需要是激励他们进行持续性学习的动力。

(4)学生的人格，即学生的品质、素质等个别差异。这些主观性因素会直接影响学习的质量和效率。

(二)外部环境的因素

(1)练习。体育教学的练习主要包括对特定或某些动作的练习次数、练习方法、练习分配、练习结果和练习反馈等。

(2)教材。体育教学教材主要包括教材安排的数量、组合、难度，以及教材的显示手段、内在逻辑以及次序等。

(3)集体和社会。其主要是指班风、校园文化环境、合作和竞赛，以及人际关系等。

(4)教师特征。体育教学中的教师特征主要涉及其认知能力、学科知识储备、品质人格、教学技能等。

四、学习理论的流派

在长期以来的实践研究中，大多数学者认为“教学设计的理论基础是认知学习理论”，并强调“主要是指加涅的认识学习理论”。其中，学习理论包括以下四个流派。

(一)“刺激-反应”学习理论

“刺激-反应”学习理论主要基于神经生理条件反射学说，在这一理论中将环境视为刺激，将围绕刺激产生的有机体行为视为反应。

（二）认知学习理论

认知学习理论认为不是环境引起人的行为，而是个体作用于环境，环境仅提供潜在刺激，学生自身内部心理结构最终决定这些刺激是否被注意并加工。潜在的环境刺激无法具体计数并预测其何时起作用或起多大的作用，这是因为个体的选择具有很大的不确定性，个体会根据自己内部结构进行具体选择，赋予这种刺激及其相关信息以经验和意义。在这里，心理结构即是指学生知觉和概括自然现象和社会现象的方式。学习发生于新的经验改变学生的原有的心理结构的那一刻及其此后的持续性时间。因此，学习的基础是学生内部心理结构的形成与改组，而不是“刺激-反应”联结的形式或行为习惯的加强或改变。

（三）“认知-行为主义”学习理论

“认知-行为主义”学习理论否定刺激与反应间存在直接的联结，强调存在一个“有机体内部状态”的中间环节。这一理论主张应重视外部的、外显的行为表现反应和作用，同时还要解释内部的、内隐的心理结构变化与作用，其主要基于两种观点的融合来解释学习-认知学派和行为主义，因此被看作是一种折中主义的学习理论。

（四）人本主义学习理论

从人本主义学习理论来看，心理学重在探讨完整的人，而不是分裂地、还原地分析人的行为以及认知等各方面因素。这一学习理论强调要以第一人称的角度来考察人的行为，从行为者的角度来描述行为，即学习应从学生的第一角度来分析学习问题。

五、学习理论与教学设计

美国著名教学设计专家美瑞尔认为，教学设计是一种以开发学习经验和学习环境为目的的技术。这一思想受到了加涅的影响，虽然它将教学设计片面理解为一项技术，但是却也说明了理论与教学设计之间的关系。

（1）以“刺激-反应”学习为理论的程序教学促进了教学设计的诞生。20世纪中期，以斯金纳为代表的新行为主义除了将可以观察和测量的外显行为作为基本的研究对象外，还区分了应答性行为和操作性行为。他们提出的操作性条件作用的原理突出强化在心理发展中的积极意义，主张有效的教学和训练的关键是分析强化效果，设计精密而可操作的特定的强化方法以控制学习环境。斯金纳本人在长期研究中又形成了学习与机器相联系的思想，制造了教学机器来实现其“小步子呈现信息”和“及时强化”的程序教学。

（2）教学设计吸收各种不同学习理论的精髓内化为自己的科学依据，心理科学的发展促进人们对认知规律的研究，因而为教学设计提供了更多的学习理论基础。

(3)教学设计的知识体系随着学习理论的发展而更加完善。

第三节 教学理论

一、体育教学理论

特定的教学模式形成于一定的教学理论和思想，体育教学理论对体育教学设计具有重要的指导意义。

二、我国学者对体育教学设计的研究

我国对教学设计理论这一方面的研究兴起较晚，大致开始于二十世纪八九十年代。在这一阶段，虽然我国已经对体育课堂教学设计方面有一定研究，但是相对来说研究内容较为分散、不系统，属于理论探索以及实践尝试的初级阶段。1994年，石淑贤在《上海体育学院学报》上发表了一篇针对体育教学的文章，其主要结合教学设计理论研究和分析了体育教育问题。这一篇文章可以说是我国首篇关于论述体育教学设计的文献，之后我国关于体育课堂教学设计的研究开始逐渐增多。如陈德俊的《谈体育教学中的课堂设计》、杨元清的《体育教学过程的优化设计》等，都对体育教学方法、体育教学过程、体育教学组织进行了或多或少的研究和分析。这些研究与课堂教学有效结合起来，促进了体育教学理论的不断发展。

三、教学理论的研究范畴

从广义上来说，教学即指人类一切的教与学的共同活动，其中不论是有组织的、无组织的，只要是人们之间的传授与学习均可称为教学。教学理论的研究对象即为与教学有关的一切事物，具体来说主要包括以下几个方面。

(1)教学价值、教学目的以及教学活动的具体目标。

(2)教学的本质以及影响教学过程的因素和客观规律。

(3)教学内容，分析和研究师生、社会、教学内容之间的制约关系，研究教材的合理选用和编排。

(4)教学模式、教学原则、教学组织形式、教学手段和方法。

(5)教学评价，包括教学评价标准、教学反馈等。

(6)教学学科之间的联系与结合。

(7)国外先进教学思想和实践成果。

(8)教学理论自身建设和发展，发展和完善教学体系。

四、教学模式

（一）系统传授和学习书本知识模式

这一教学模式的主要特征在于教师主动教，学生被动学。教师灌输相关的知识与技术，学生被动接受和学习知识和技术，这种教学模式常见于我国课堂教学中。如图 2－1 所示。

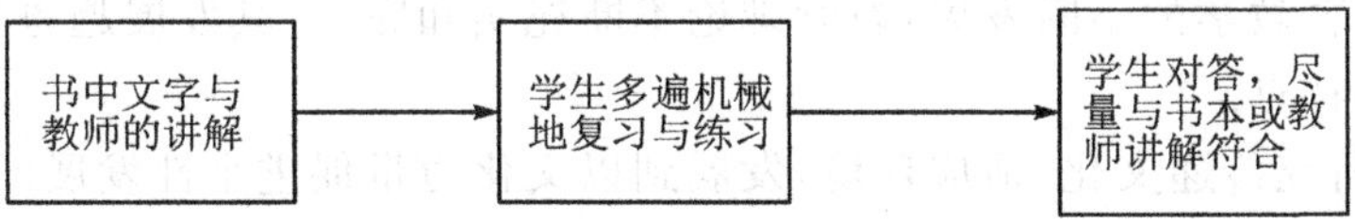

图 2－1　古代书本教学的模式

到了近代，随着心理学的发展，人们对教学有了不一样的认识。以夸美纽斯、乌申斯基为代表，他们在教学过程中引入了直观原则，教学传统结构和进程发生了改变，如图 2－2 所示。

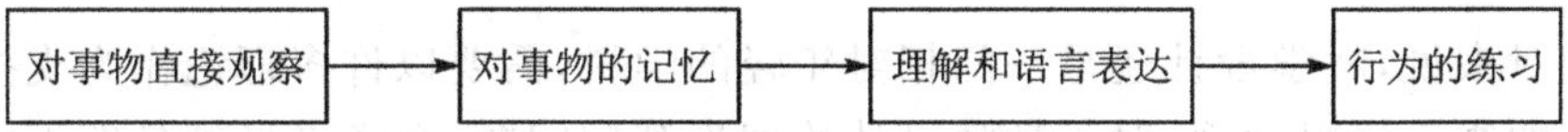

图 2－2　乌申斯基的教学模式

（二）教师辅导下让学生在活动中学习的模式

这种教学模式否定了书本知识的传授和学习，杜威的“从做中学”“设计教学法”即是对这种模式的一种典型诠释，主要主张让学生在有计划的活动中去学习，如图 2－3 所示。

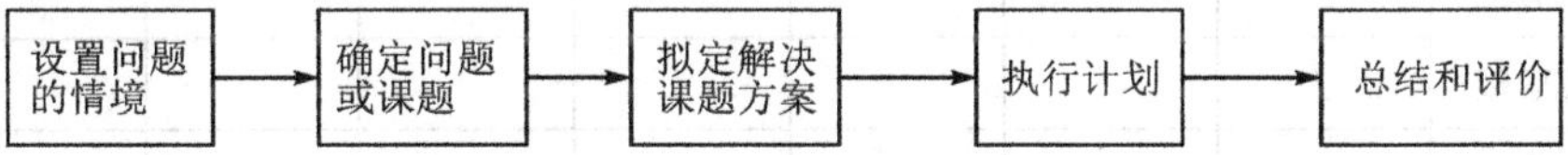

图 2－3　杜威的教学模式

（三）介于两者之间的模式

20 世纪中期以来，以布纳姆、赞科夫为代表的学者均认为，在教学中关注科学知识的传授学习的同时，还要重视学生的智力与能力的发展和培养。如布纳姆反对灌输式的教学，主张以教材结构化和发现学习引导学生去以一个发现者的身份在学习中寻求问题的答案，教师在其中起到资源、材料提供以及大方向引导的作用，如图 2－4 所示。

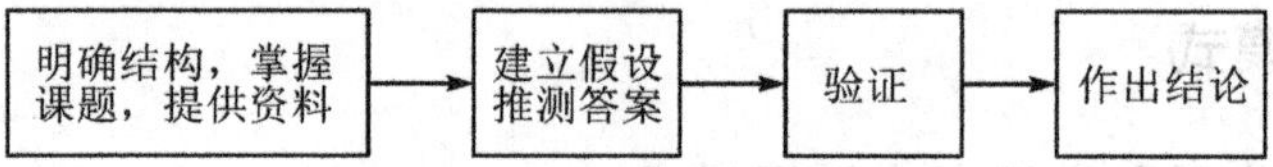

图 2-4　布纳姆的教学模式

五、教学理论的发展趋势

随着教育教学的不断发展，教学理论不断充实和完善，其发展趋势呈现出以下几个方面的特点。

(1)从研究传递文化、适应环境，发展到以文化力量促进个性发展。

(2)从研究“教”与“学”，发展到教与学的辩证统一。

(3)认知学派与行为学派之间的分歧逐渐缩小。

(4)从注入式教学，转变为启发式教学，再发展到现代启发式教学。

(5)由纯粹的社会科学，向科学技术性方向发展。

六、教学理论与教学设计

相对来说，教学设计还是一门相对年轻的学科，需要以许多理论作为支撑。研究相关的文献资料发现，对于教学设计的理论基础问题，众学者见解各有不同。基于我国众多学者的意见和观点，我国学者林宪生分析和归纳了关于教学设计理论基础是认知学习理论的几种观点，如表 2-1 所示。

表 2-1　教学设计的理论基础归纳

理论基础	教学设计理论						
	学习理论	传播理论	教学理论	系统理论	视听理论	教育哲学	认识论
单基础	√						
双基础	√	√					
三基础	√	√	√				
四基础	√	√	√	√			
五基础	√	√	√	√	√		
六基础	√	√		√		√	√

由表可见，三基础论、四基础论及五基础论者都认为教学理论是教学设计的理论基础之一，可见教学理论在教学设计中十分重要。教学理论在教学设计中发挥着至关重要的作用，教学理论的研究与发展对于教学设计来说具有如下作用。

(1)教学设计始于教学理论发展需要。

(2)教学理论的研究成果有助于实际的教学设计工作。

(3)教学理论与教学设计互相作用、互相促进。

第四节　传播学理论

传播,简单来说就是将信息从一个地方传到另一个地方。传播学的研究内容包括信息的效能、结构和形式及其传播的过程。体育教学同其他学科教学一样,实质上就是一个信息传播的过程,因此在体育教学设计中传播理论起到不容忽视的重要作用。传播理论解释了体育教学系统中信息传播的过程,描述了各要素之间的关系以及动态联系,为体育教学设计提供了坚实的理论基础。

一、信息的定义和信息的传递

通常人们对信息持有三种理解:①信息即为通信的消息。②信息是运算的内容。③信息是人类感知的来源。

在学界对信息的广泛理解为"信息是指反映客观事物的特征与变化的组成"。其中传播学之父威尔伯·施拉姆针对信息的传递提出了有利于信息的传播和接受的模式。这一模式中主要包含信息发送者、信号、信息通道、信息接收者等四大要素。信息发送者利用特定的媒体,使用语言、表情或手势等发送信息,这些信息中隐含信息发送者的态度、能力、素质以及经验等。其中,信息必须要经过一定形式的编码,通过一定的信息传播通道传播出去,这些通道主要有视觉通道、听觉通道等。对此,体育教学设计中应该关注的问题就是,每一种不同的信息该利用什么样的传播通道,才能为学生所接受并获得良好效果。在信息传播给接收者后,接收者对信息进行解码并赋予其意义。要完成这一工作,接收者必须能够敏锐关注信息的细节,而这又取决于他的经验、能力、个性以及价值观等。此外,信息呈现的质量也会对这一过程产生重要影响。威尔伯·施拉姆提出,传播真正有效的部分通常都是信息的传播者和接收者两者之间的经验领域重叠的那一部分。根据传播模式解说,有效的传播并不单单是指发送信息,而是指包括了发送信息、接收信息,通过特定反馈途径获取接收者反馈信息,并根据反馈信息对发送信息进行调整的整个过程。

二、信号的形式及结构

信息的接收会受到信号形式和信号结构的影响,在这里应该关注信号的组织、语言的作用、能够引起注意的信号特征等三个主要问题。信息通常都能够以词、句子进行编码,因而建构信号的基本因素我们可以认为是语言。语言成为信息呈现的一种结构方式,人们通过语言编码并组织信息,同时利用语言对信息实现解码。

传播过程中还会受到一个关键因素的影响，即信号中所包含信息的组织化程度。这种组织化程度可以通常解释为有序的信息组织和无序的信息组织。有序的、结构关系完整的、图式丰富的信息通常易于被人们记忆和提取。相反，那些无序的、内容结构错乱的信息则不容易被人记忆和提取，会被人所遗忘。此外，在信息传播时还必须要注意到一点，即信息的传播速率对信号负载量的影响。在信息传播中，快速传递的信息会加重信息接收者的信息负载。对此，接收者控制信号的程度越高，则传播效果更佳。

在信号的形式和结构中，我们还必须要注意到一个问题，就是信号必须要能够引起信息接收者的关注。由此，体育教学设计者应当对信息进行精心设计使其能够引起学习者注意，慎重选择教学媒体。

三、传播的背景

总结先进理论和个人经验，瑞奇将传播发生的背景主要分为四大类，即个人之间的、小组中的、机构中的、大众媒体。其中个人之间传播的发生，主要是由于人际关系和特点需要等。体育教学通常都是在小组中发生传播，这一传播背景中一般会凸显目的性强、密集形式以及相互依赖等几大主要传播特性。关于机构的传播状况，一般来说复杂于小组中传播，其中该机构的传播模式、权威或具有影响力的管理者是这一传播背景中必须要了解的两大要素。大众传播在现代社会生活中影响深远，其特点是单向快速，信息接收者可控制信号的接收。

四、传播理论对体育教学设计理论支持的体现

（一）传播过程的理论模型说明了体育教学传播过程所涉及的要素

20世纪40年代，美国政治家哈罗德·拉斯韦尔提出“5W”公式，对大众传播中的五大要素和直线式的传播模式进行详细描述。从“5W”公式的角度来观察体育教学传播活动，我们可以发现其中的一些相似之处。

1958年，基于哈罗德·拉斯韦尔的“5W”公式，布雷多克补充性地提出了“7W”模型。这一模型的主要解释是，教师在体育教学中运用动作示范、语言描述及其他信号，利用运动项目、器材设备和多媒体，在教室、户外向学生传递体育相关领域的学习内容并使其充分理解和掌握有关锻炼方法和运动技能，培养学生体育运动习惯，促进学生身心全面、健康发展。

体育教学设计也就是基于这一论点将体育教学传播过程视为一个整体来研究，为了进一步优化教学效果，在关注每部分及其复杂制约因素的同时，还要关注各要素之间的本质联系。注意采用系统的方法，在各要素的复杂动态关系之间深入探求影响体育教学传播效果的真正原因，最后确定科学有效的体育教学设计方案。若从信息的传播者和信息的接收者角度来看，影响信息传递效果的主要是：传

播技能,即教师的语言表达和动作示范能力,学生的观察和模仿能力等;态度,即教师的教学态度,学生的学习态度等;知识水平,即教师对所传递的知识信息的掌握程度和对传播方式的熟练程度,学生实际的知识技能与体能水平对所接受的知识信息的承受能力等;社会文化背景,即教师和学生所处的不同的社会和文化背景。若从传播信息要素的角度来看,影响传播效果的主要是:体育教学内容、教学内容结构安排、编码方式以及内容处理等。若从信息传递通道的角度来看,影响传播效果的主要是不同传播媒体的选择及其所传递信息的匹配状况。

(二)传播理论指出了体育教学过程的双向性

施拉姆与奥斯古德两人的理论模式都一致指出了在信息传播者中传播者与接收者都是积极的传播主体。信息的接收者在接收、解释信息的同时,还必须要对信息作出必要反应,这说明传播是双向的,是一个伴随者反馈机制运作的循环过程。体育教学信息的传递就符合这一思想理论,教学活动必须要通过教师与学生之间的双向传播行为才能得以实现。因此,体育教学设计应当从教与学两方面来分析和安排,充分利用反馈信息来调节信息传递,以实现最优教学效果。

总的来说,传播理论对体育教学设计的理论与实践主要有以下四个方面的启发。

(1)传播过程的模型说明了体育教学传播过程中涉及的要素。哈罗德·拉斯韦尔提出"5W"公式中所阐述的要素成了研究体育教学过程、解决体育教学问题的教学设计所关注的重要因素。

(2)传播理论解释了体育教学中各要素间的动态关系,并阐明了体育教学是一个复杂动态的传播过程。1960年,基于哈罗德·拉斯韦尔的理论基础,贝尔克提出"SMCR"理论模型,这一模型进一步说明了传播的最终效果并不是取决于其中的某一部分,而是取决于信息员、讯息、通道、信息接收者等四部分的共同作用,并且各部分还会同时受到自身因素的影响和制约。

(3)传播理论解释了体育教学的双向性。"SMCR"模型中引入了"反馈"这一内容,奥斯古德与施拉姆在其各自的理论研究中也强调了信息的传播者和接收者都是积极的传播主体。因此,体育教学也应当是一种双向的互动过程。目前,关于体育教学传播信息流的三项性也是基于双向传播理论而发展起来的。

(4)传播过程要素构成体育教学设计过程。其相应领域如受众分析、效果分析、传播内容分析等研究在体育教学设计中得到不同程度的运用和吸收。目前,传播学的研究仍在不断发展,其研究成果也将会为体育教学设计提供新支持,促进体育教学设计更好地发展。

第五节 生理学理论

一、人体生长发育的规律

人体的生长发育通常要经过二十年以上的漫长过程，在这一过程中，由于内部（遗传）和外部（社会环境、体育锻炼）等各种因素的共同作用和影响，个体间的生长发育程度各不相同甚至是相差甚远，但总的来说人体的生长发育都遵循共同的基本规律。人体的身体素质会随着年龄的增长而变化，表现出明显的年龄特征和性别差异。身体素质发展会经历一个连续的增长速度较快的时期，同时还有一个身体素质发展的敏感期。

人的生长发育具有程序性和阶段性特征，根据年龄及其发展特征，我们通常把一个人的生长发育期分为以下几个重要阶段。如表 2－2 所示。

表 2－2 人体主要生长发育期

生长发育期	年龄段
婴儿期	出生至周岁
幼儿前期（托儿所年龄期）	1～3 岁
幼儿期（学前期）	3～6，7 岁
童年期（学龄期）	6，7～12 岁
青春发育期（女性通常比男性早两年）	10～20 岁
青年期	18～25 岁

各个年龄阶段的发育特点各不相同，且每一阶段的发育都以前一阶段的发育为基础，每一阶段的发育都会对后一阶段的发育形成重要影响。从胎儿期到青春发育初期属于人体器官系统的生长突增高峰期，由于身体各部分不同的生长速度，其最终的增长幅度各不相同。其中，神经系统通常发育较早，而生殖系统相对来说发育较晚，青春期时人体淋巴系统发育达到成年人的两倍以上。要注意的是，人体各系统的发育并不是独立的、分割的，而是相互联系、相互影响和相互适应的。

在日常生活中，身体素质的优劣会通过各种活动形式表现出来。如走路姿态、跑步速度、扔掷力量、关节活动幅度等。人体即使不锻炼，也会经历一个“自然增长”的过程，当然这种增长是有限的。而若要进一步提高身体素质，就必须要经历一个体力锻炼过程，这种锻炼要求有高有低，但对身体素质和系统都会形成或大或小的影响。学生身体素质越好，在生活、学习工作中就越灵敏，越能发挥主观能动性。

男性与女性在发育和体型方面存在较大差异，通常女性要早于男性，但是身体素质方面却要普遍低于男性，这种差异在成年之后会愈加明显。因此，女性应在身体发育环境时期重视体格锻炼，培养更加健美的体形。

体育教学的主要开展手段是学生的身体练习，是一项旨在培养学生健康和体能素质，促进学生全面发展的教学活动。相应地，体育教学设计的目标应该是为了最大程度促进学生生长发育、体能发展、健康发展等方面的有效性。因此，在进行教学设计时应充分了解学生的生长发育规律、机体特征以及不同年龄段的身体素质特点。这些因素在教学设计中会影响教材内容的选择、教学目标的确定、学习者学习需求的确定、教学策略的选择以及教学过程的安排等。总之，体育教学设计必须要遵循学生生长发育的规律，只有这样才能设计出真正体现体育教育目标和任务的教学方案。

二、运动技能形成的规律

运动技能，即在运动中有效完成专门动作的能力，包括在神经系统调节下不同肌肉群协调工作的能力，它主要包括以下四个特征。

(1)运动技能是后天培养和形成的一些简单的、不随意的外显肌肉反应，能够长期保持下来的动作活动方式。

(2)运动技能在时空结构上具有不变性。从其外部结构来看，运动技能是各个动作按照特定顺序组织得来的动作体系。不管是什么动作技能，必有一定的先后动作顺序和空间结构。例如，原地推铅球经历从持球、蹬腿、转体、出手用力等一系列固定的动作顺序。当然，在原有基础上也可以发展和形成不同的形式。例如篮球一些动作的空间结构可以有许多变式，节奏可快可慢，动作幅度可大可小，而不管其形式如何变化，其基本样式是固定不变的。

(3)人对运动技能的使用是主动的，它主要由当前的任务所趋动，即当任务需要时才表现出某种运动技能。例如，篮球场上带球的队员是根据场上任务需要决定是运球还是传球。

(4)熟练程度越高，运动技能自动化程度越高。运动技能形成于不断反复的练习，并且随着其练习逐渐深入，运动技能的自动化与完善程度会随之提高。也就是说，一个人对运动技能越熟练，则越能轻松敏捷、完整地完成一项运动技能。例如，在篮球运动中，人体十分熟练单手肩上投篮，因而投篮技能愈加完善，投篮命中率越高，其中意识参与与控制的成分会相对较低。然而，也并不是表示自动化就是脱离意识参与，仅是说明意识程度在其中参与较低。运动技能自动化程度越高，动作就会愈加精准、协调，耗能显著降低，从而大大节省力量，减少疲劳。

关于运动技能的形成和发展相关方面的研究各种各样，从不同角度阐述了运动技能的学习，如认知派的整体结构理论、动力定型的纯生理学理论。在这里要借助经典的“泛化过程—分化过程—巩固过程”这一理论对运动技能进行解释和说明，这种划分方法主要基于巴甫洛夫的高级神经活动学说，相对来说这种理论更利于学生理解和运用。

（一）运动技能获得阶段——泛化过程

在最初学习一个动作时，学生们通常对其只能形成一个感性认识，尽管老师进行了一系列的讲解与示范。此时，动作技术所引起的人体内外界的刺激通过感受器传到大脑皮层，引起大脑皮质细胞强烈兴奋。另外，由于皮质内抑制没有确立，因此大脑皮质的兴奋与抑制呈现扩散状态，使条件反射暂时联系不稳定，出现泛化现象。由此，人体肌肉活动通常较为僵硬和不协调，动作多余或费劲。教师可以组织和引导学生对此进行学练体验和讨论，共同探讨为何刚刚学习一项运动动作时肌肉会僵硬不协调，并引用教科书理论说明和有效的学习策略有针对性地改善和提高运动技能。这些现象是大脑皮质细胞兴奋扩散的结果。

（二）动作技能的改进阶段——分化过程

经过一定时间的练习，学生们已经初步了解和掌握了该运动技术，已经解决了部分动作僵硬、不协调的问题，练习中的错误大多被纠正，也能较为连贯地完成整套技术动作。这时初步建立了动力定型。这种定型也并不是非常牢固的，在遇到特定刺激的情况下可能会重复之前的错误。对此，教科书应提供学习策略和自练提示，帮助学生找出错误并告诉其如何应对。

（三）动作技能稳定阶段——巩固过程

通过进一步的练习，运动条件反射系统已经逐渐巩固，动力定型也逐渐巩固，大脑皮层的兴奋和抑制更为精确，且更为集中。学生的动作及其动作环节更加准确优美而自动化，动作的完成不需要过多的意识参与，环境变化也不会对动作技术的完成度、准确度造成过大影响。但这也不代表所有问题都可以解决了，因为这一阶段的动力定型并没有达到充分完善和巩固的程度，因此还必须加以练习，不断提高动作质量。此外，若动作缺乏练习则也会使动作定型逐渐消退，且动作技术越难、越复杂，消退得也会越快，因此练习是必要的。在此过程中，教师应当对学生的要求更为严格，应带领和引导学生进行技术理论学习，以不断提高动作质量和巩固动作定型，提升动作的自动化程度。

（四）动作自动化

随着运动技能的逐渐巩固和发展，动作趋于自动化，学生可以在无意识的状态下流畅、顺利地完成某一动作技术。自动化动作，例如走路，又如走路时人看手机和交谈时并不需要下意识地去想如何迈步。这种自动化的动作并不需要人们有意识地去完成。在学习打篮球时，经过长期的练习和实践，运动员的运球动作也高度自动化了。

大多的体育运动技能要想实现高度自动化，都必须要经过长期的练习和实践，但非专业运动员的学生很难达到这一最高水平，但也可以在教师的引导下选择适当的项目进行学练，发展专长，为终身体育奠定基础。

三、学生身体机能适应的规律

适应，是有机体内外环境不断趋于平衡的过程。人体各器官和系统之间相互协调、相互影响，相对平衡，构成了人体机能正常活动的必要条件。人体机能在运动过程中主要经历四个阶段。

(1)工作阶段。人体内各器官机能的活动和能量的合成水平提高，而体内贮备的能源逐渐消耗。

(2)相对恢复阶段。人体机能恢复至运动前水平。

(3)超量恢复阶段。人体通过适当休息后体内能源储备和机能超过之前水平。

(4)复原阶段。运动痕迹效应逐渐消失，人体机能恢复原有水平。

根据人体机能的变化规律，第一次运动结束后，第二次运动只有在超量恢复阶段开始，人体的机能才能不断增强。

外界环境变化会引起机体内环境的相对平衡，为了维持机体内外环境的相对平衡，体内各功能需要进行重新调节，此为生物适应过程。在体育教学中，学生在经过系统的学习和训练后，身体内部会产生生化和物理性变化，这种变化随着训练的增加而发生量的积累，身体机能逐渐适应并得到提高。

第三章　高校体育教学目标设计与实践

体育教学是一项目标性极强的行为活动，教学目标体现了体育教师设计的教学环境与学生学习结果的一致性。体育教学目标设计是体育教学设计的一个重要环节，它决定了体育教学的具体走向，是体育教学有效性的决定性因素。

第一节　知识与技能目标

布鲁纳曾在《教育的适切性》一书中指出过，学习可以分为表层与深层这两种过程。其中，最基本的掌握知识这一项过程属于表层过程。对知识有所了解之后再进行思考如何学习、形成怎样的学习态度以及学习原理的这一过程就是深层过程。布鲁纳曾经说过这样一句话："如果该学习者不去发展其三种技能（行为、技能、情感），陶冶其审美鉴赏力，深化其世界观，那么，他所习得的知识是不能持久的。"与此同时，在体育教学实践中也表明这样一个观点，在体育学习的过程中会因为快乐的情绪而产生变化，快乐的情绪可以让学习行为维持得更久。什么样的体育学习才算得上是真正的学习，显然并不是掌握体育知识与技能那么简单，真正的学习是一种更深入的认知，是对世界的认知、对身体的感知，以及能够陶冶情操的过程。体育学习发展的深化是让身体通过体育运动之后而感受到了快乐。所以说，体育知识和技能应该如何选择，如何将知识与技能进行编排以及怎样学习知识与技能才能够与社会需求以及学生身心发展水平相匹配，科学创建与掌握知识与技能教学中知与乐之间的联系，激发学生产生体育学习的动机才是将体育教学进行提升的关键性因素。

日本著名的教育学家梶田睿一认为，每一个国家的教育传统之所以不同主要是受本国社会文化背景的影响，如若将布卢姆等人所提出的英美式教育目标分类理论原封不动地搬出来，自然是不行的，要使用灵活运用的方式。所以，他模仿布卢姆的理论，将极具东方色彩的教育目标分类理论提了出来。不管是他的研究成果还是指导思想，对于体育"三维"这种教学目标的设计发展而言具有非常重要的启迪作用。同时，他还提出了教学中至少需要涵盖的教育目标有达成目标、提高目标以及体验目标三种类型。同时，这三类目标当中都需要包含的目标是：认知、动作技能与情感，并且还有详细的基本要求，如表 3-1 所示。

表 3－1　梶田睿一的三种教育目标类型

目标类型		达成目标	提高目标	体验目标
领域	认知领域	知识、理解等	逻辑思维能力、创造性等	发现等
	情感领域	兴趣、爱好等	态度、价值观等	感触、感动等
	动作技能领域	技术、技能等	熟练等	技术成就等

表中所说的“达成目标”其实就是指在系统的指导后，学生掌握并形成了一定的知识与能力。比如，今天掌握了一些特定的知识、某种特殊技能、对某种特定对象产生兴趣等。

“提高目标”就是指经过全面的指导，希望学生能够向更高目标看齐并发展，在这一方面的发展能够有明显提升。比如，学习者的逻辑思维能力、社会性、价值观等。

“体验目标”就是指掌握学习者因某种行为发生变化后而产生的实际体验及感受。这种反应不是参照学生所表现出来的某种行为变化，而是以学生自身产生的某种特殊内容的体验为参考点。

日本的学校教育侧重于知识上的记忆与理解程度，对于学生兴趣爱好这方面的培养有所忽视。因此，梶田睿一对此提出了针对性的教育学观点——“开、示、悟、人”。何为“开”？它的蕴意就是指打开视野，呼唤出内心的兴趣；何为“示”？其蕴意为传授知识，把知识要点传送给学生；何为“悟”？其意指学习者把所学知识进行实践操作；所谓“人”？它就是指利用所学知识进行自我追求，实现自己的人生价值观。

我国体育教育三维教学目标的五个领域目标内容如表 3－2 所示。

表 3－2　我国体育教育三维教学目标的五个领域目标内容

三维教学目标	知识与技能、过程与方法、情感态度与价值观
领域	学习目标
运动参与	①主动参加体育锻炼；②采用科学合理的方式参与体育锻炼
运动技能	①获取基础知识并加以利用；②充分掌握运动技能，并将其运用起来；③完全具备参与体育活动的能力
身体健康	①将体能进行全方位的发展；②提高身体素质与预防疾病的意识；③努力改善身体健康状态；④能够理解环境以及生活方式对身体健康带来的影响
心理健康	①培养出积极正面的自我价值观；②学会控制住情绪；③具备保持良好心理健康与预防心理疾病的能力
社会适应	①人际关系和谐；②具有良好的团队合作精神以及体育道德；③社会责任感强

从以上分析可得出，不管是梶田睿一所提出的三种教育目标类型还是中国三维教学目标的五个领域目标内容，所表现出来的特点都是“知与乐”中所具有的层次化与系统化的操作、发展性中的特征。

(1)中日两个国家教学目标体系中都涵盖了“知与乐”中持续性与循序渐进性的具体化，都是以达成目标、提高目标以及体育目标为主。同时，还注意到了学习者“开、示、悟、人”的教育学的观点，要求教学操作需要有将“知与乐”的特点突显出来。

(2)这两个教学目标体系所涵盖的内容还有认知、动作技能以及情感这一系列目标，都具有鲜明的要求。这一系列的目标是密不可分的伙伴，他们相互依存，相互联系，已成为一个你中有我、我中有你的状态。因此，它们不可分割。

(3)这两个教学目标体系都需要学习多项教学内容的“知与乐”，才可以让学生生理与心理以及适应社会的能力等诸多方面进行全面发展。

结合上文中所讲述的理论与实践，我们把以下课堂教学作为实例对“知与乐：知识与技能目标教学设计”进行概述，如表 3－3、3－4 所示。

表 3－3　篮球模块初级班课堂教学

课时1教学目标	1.让学生在学习中掌握篮球三种基本的技术：运球、传球、投篮，同时初步掌握篮球的基本规则 2.将学生的兴趣激发出来，提高学生参与篮球学习的积极主动性 3.以篮球游戏的形式提高学习者的身体素质，提高学生在篮球学习中所必需具有的运动素质与身体协调性 4.培养学生之间团队合作的意识与能力	
课序	达成目标	教学内容的描述
1	激发学生对篮球的兴趣，体会传球技能	1.以小组的形式进行篮球传接球比赛，两个小组面对面拉开 4 米左右的距离，传球后从甲队跑到乙队尾，再从乙队跑到甲队尾 2.面对着篮板进行接力赛游戏，篮板左、右两队分别持球于中场线，同时运球，离球板 3 米左右画线，上左肩就投右篮板、反之投左篮板，接到对方的球后抱起来跑回本队
2	激发学生的热情，体会运球技能	1.分组进行，围绕着杆进行运球接力赛，运球后把球传给下一位同学，然后自己跑到队尾 2.游戏开始前，两队分别平行站立在球场边线，以教练口哨声为准，把球运到对面的边线即可返回，比速度

续表

3	提高学生对于篮球的兴趣，让学生主动学习投篮技巧	1. 两组以面对面的形式做投篮练习，适当让学生休息，教师利用这个时间对学生进行鼓舞渲染，从而将学生的热情强化起来 2. 从右至左围绕篮板进行三点或五点的投篮练习，练习到一定程度可进行个人比赛，看谁投中率最高 3. 自由练习，遇到困难请教老师
4	游戏放松阶段	师生同乐，老师与同学相互"抓笑传递"游戏结束

表 3－4　田径模块接力跑课堂教学

课时 2 教学目标	1. 通过进行合作跑的模式对接力跑的技能进行巩固加深，体验及了解"上挑式"与"下压式"传棒接棒两种技术动作 2. 不仅要将快速跑的能力提升起来，还要全面发展身体协调性以及反应速度等基本身体素质 3. 用游戏的方式替代枯燥的教材练习，提高学生的积极参与性 4. 让学生明白"1＋1 大于 2"的道理，提高学习者互帮互助的能力	
课序	达成目标	教学内容描述
1	使用接力跑传话的游戏让学习者明白团队合作的意义	游戏内容：首先老师将要传递的话告诉每队的第一名队员，由该同学跑回本队传给下一位同学，依次传递下去，直至最后一名学生。要遵守两点要求：第一，学生间隔至少要 9 米左右；第二，采用悄悄话的形式传递，不可以大声喧哗。最后胜利的队伍要求速度快，而且传递的话语要绝对正确
2	传统的教学比较枯燥乏味，可以采用多种游戏为其带来一定的趣味性，从而促进学生间合作探究、互帮互助的精神	1. 分组进行火车快跑的游戏，每队后一名队员将手搭在前面队员肩上，以口哨声为准开始比赛 2. 分组进行手拉手跑，平行站立好，学生间相互手拉手，听到哨声后比赛 3. 分组挎肘跑，平行站好相互挎肘，听到哨声后比赛开始 规则：一旦松开则判该队输，间距要达到 20～25 米，通过游戏的方式能够让学生余味无穷 教学提示：比赛前让同学们进行自我尝试、组织。之后对游戏做出总结然后再进行比赛

续表

3	借助不同游戏专项练习,保持学习热情	1. 以 8 人为一组,左斜线 45 度接力拉手跑比赛。每一组同学前后都以斜线 45 度站立,间距为 8～10 米,听到哨声后开始比赛。第一个同学跑到第二个同学前,用自己的左手去拉他的右手,第二个同学跑到第三个同学前,用左手拉他的右手,前跑转弯然后越过前面设立的障碍物,依次进行下去,直到拉完第八个同学的手。最后一组八个人一起手拉手向终点冲刺,看哪一队的速度最快 2. 以 8 人为一组,右斜线 45 度接力拉手跑比赛。与上面的步骤一样,拉手相反 规则:松开手的一队判输 教学提示:比赛前,可以让同学进行自我组织尝试,体验游戏,并进行总结,之后进行比赛
4	学习"上挑式""下压式"传接棒技术动作	1. 先分组练习慢走"上挑式""下压式"传接棒技术动作 2. 然后练习慢跑的"上挑式""下压式"传接棒技术动作 3. 体验两次接力比赛 教学提示:赛前先让同学们进行自我组织练习,对体会进行总结后,再进行比赛
5	"大圆圈(向前欢快跑)一小圆圈(向后欢快倒退跑)一大圆圈"游戏与放松结束	最后是游戏放松环节,画一个圆圈,老师站在圆圈中心,大圆圈(向前欢快跑)一小圆圈(向后欢快倒退跑)一大圆圈游戏与放松结束。不仅能够促进师生间感情,还达到了师生同乐的目的

从以上两个课时的设计思路中,可以看出,现如今教育是由"以情生知"而滋生出来的,这也满足了"三位教学目标"与新课程理论的要求。课时 1 采用的是一种快乐体育的教学形式,把快乐融入体育教学中,让学生在学习中满足快乐情绪;而课时 2 则是利用小群体的教学模式,同时利用"情-知"两者间进行相互交融,通过"以境生情"和"以情生情"的情绪机制,将学生的情感体验与感受展现出来,从而促使学生在"情-知"的交流中将教学任务圆满完成。这种教学模式不仅能够让学生学到该有的知识技能,还可以让他们获得健康和谐的快乐情绪。

第二节 过程与方法目标

联合国教科文组织于1972年在《学会生存——教育世界的今天和明天》的报告中指出:"教育不仅要致力于传递和储存知识,而且更应该努力寻求获得知识的方法,学会怎样学习。"我国著名的心理学家林崇德教授曾在《学习与发展》一书中提到过,学生学习的过程就是一种运用学习策略的过程;在学习过程中能够让他们收获到丰富的知识与经验,还可以形成成熟的技能体系,能够实现智力与能力一并发展的愿望,还可以使其思想品德有一个更高的提升。从这些观点中我们可以得出,"学会学习"已将成为了一种即将普及的教育观点与学习观点,它所代表的是所有的新课程标准教学目标,而体育新课程教学只是其中的一个小部分。

现如今,传统的"教学型"模式已经开始向"学会学习型"模式转移,因为这是当前世界教育观念以及课程观的走向,也将成为我国教学目标的核心价值观。为了实现这一目标,2022年4月21日,教育部发布了《义务教育体育与健康课程标准(2022年版)》,其中,"体育与健康"课占总课时比例10%~11%,超越外语(6%~8%)和理化生、科学(8%~10%),成为小、初阶段仅次于语文和数学的第三大主科。《全日制普通高中体育课程标准》自颁布布以来,也对培养目标提出了明确的要求,传统的练习与教学模式无法将学生学会学习的能力实现。因此,学校体育要进一步提高学生适应社会于终身学习的能力,从而为学生终身体育的发展奠定基础。由此可见,要让学生全面掌握学习的过程以及方法已经成为目前学校体育的新课题,以及当前教学目标设计的核心因素。体育教学不再是以传授知识技能为主了,更重要的是培养学生学会学习,能够将"实践—体验—自主研究"这类教学方式运用自如,让学生树立起"学中做""做中学"的学习方法,从根本上将学生学习方式进行扭转过来。

综上所述,以下表中课堂教学为案例进行"学会学习:过程与方法目标教学设计"的分析论述,如表3-5、3-6所示。

表3-5 乒乓球模块中级班课堂教学

课时3教学目标设计	1.通过游戏的方式点燃学生对乒乓球的参与热情 2.游戏中设置不同层次,借助这些多层次的游戏提高乒乓球技术,让学生将成功的学习方法总结起来,逐渐培养学生的学习策略 3.利用上述学会学习的教学安排,提高学生运用学习策略的能力,以及学生学习的自律意识

续表

课序	达成目标	教学内容与描述
1	提高学生学习乒乓球的积极性、主动性	1.分组进行对墙推球的接力赛,以次数多的组为胜利方。 方法:胜者组之间进行淘汰赛、败者组之间也进行淘汰赛。在赛前与赛中告诉学生,学会团结合作与总结,这是取胜的法宝 2.游戏方式与上面一样,分组(复习)进行推球打擂接力赛 方法:两两对推,败方下场,换一名队员,同上一样,在赛前赛中告诉学生什么是取胜的法宝
2	强化学生学习策略,让学生体验学习成功的喜悦和感受	1.游戏方式与上面一样,分四人一组(复习)进行反手发快球和接球的打擂接力赛 规则:先A者发球B者接球,然后败者发胜者接,次数多的下位,换一名同学上。赛前与赛中教师可以给予学生提示:多思考、讨论以及进行总结如何战胜对手,提高学生自身的学习策略 2.游戏的方式和规则都同上,分组(复习)进行正手发快球打擂接力赛。与上文一样,要提醒学生使用取胜法宝,从而强化学生的学习策略
3	深化学生学习策略,让学生学习左-右下旋发球技能	1.在教师的示范下学生进行左下旋发球的学习,学生在教师的引领下总结接球的方式,然后由教师进行总结 2.学习右下旋发球与练习,方法同上,最后教师总结 3.同一个组的学生可以进行自由练习,教师负责辅导、解惑,引导提高学生学会独立思考并总结的方法
4	应用左-右下旋发接球进行比赛,进一步发展学生学习策略	游戏的规则与方式同上,以四人为一组,进行左-右下旋发球接球接力比赛,让学生在学习中体验不一样的快乐。同时,发展以及培养学生学会学习的策略
5	"抢数字"游戏结束课程	到了放松休息的时间,师生同乐,以"抢数字"的游戏结束课程

表 3-6 “学中做”“做中学”课堂教学

设计思路 A：“学中做”	1. 设计：在健美操的学习过程中采用“学中做”的学习方法，引导学生培养如何形成与体验好的学习策略，从而使学生学会主动学习 2. 理论：建构主义学习观指出“知识的建构是学习者新旧经验相互作用的结果。”学生原有的认知结构与体能水平是学习新知识的基础，要充分利用现有的知识进行转移，这对技能建构来说有着非常重要的积极作用 3. 方法：①教师在教学生动作组合练习的时候，可以采用只教一边的方式，另一边的动作练习让学生自己去思考；②教师只教一组动作队形的变化，要求学生主动思考并编排出有新意的队形，交流展示出来 4. 作用：能够提高学生合作交流的能力，并在交流中实现学会学习的策略
设计思路 B：“做中学”	1. 设计：通过快速跑“做中学”的学习过程，让学生感受到学习策略的形成与体验，从而将学习策略发展培养起来 2. 理论：根据布卢姆的理论法——“掌握学习”，为学生带来自由选择以及参与决策的机会，如此一来可以让学生拥有一种自我决定感与责任感，能够促进学生学习目标定向的形成 3. 方法：①在练习之前教师要求同学们相互观察跑的动作，当学生完成练习之后，老师提出以下问题：为什么每个人跑的速度都不一样，让学生思考此问题并进行总结。教师给予点评，每个人跑步的方式都存在着差异，有的是跳起来跑、有的坐着跑、有的摆臂不够规范等。希望学生通过不懈的努力与研究，改进学习中的不足，提高学习效果。②依照“有效目标设置原则”虽有困难但可实现性较高的教学设计，能够激发起学生的挑战欲望，又可以提高学生运动目的。教学安排可以如下：让跑得慢的挑战跑得快的，激发学生的斗志。这种满足感与价值感能够让学生更加关注到学习的掌握以及对自身能力的提高，从而成为一种牢固坚定的学习目标 4. 作用：可以进一步促进学生形成互助研究、互帮互学的能力和学会学习的策略
设计思路 C：学习研究	1. 设计：以羽毛球“做中学”的学习过程为例，促使学生形成学习策略与体验，同时发展学生的学习策略与能力 2. 理论：教学论指出，教师在教学中对学生的学习策略以及获得的成果等做一个针对性的评价，通过分阶段的方式把这些相关信息提供给学生，让他们看到自己存在的优缺点，激发出学生学习的自我比较心理，看到自己的进步，能够让学生引发出学会学习策略的自信心 3. 方法：①此课程的教学目标是学习高远球、正手击打高远球以及反手击高远球。准备活动：两两分组进行对打热身，热身完成后教师提问，怎样能让球发得更高更远？引发学生思考总结，然后教师进行集评归纳，引入教学。②下一步进行发球比赛，教师提问，怎样让球发得更高更远，怎样将正手击高远球、反手击高远球的能力提高，引导学生思考。对于这一学习的研究不仅能够提高学生的学习效果，还可以深化学生的自我检查以及自我调整的学习策略 4. 作用：能够进一步提升学生合作探究以及互帮互学的能力和学会学习的策略

以上两堂课程的设计思路能够将建构主义教学观的教学设计原则表现出来，其教学原则是：在建构中要牵引学生主动发现已有的认知结构和新知识之间有没有存在不匹配的现象。如果有，需要主动地进行改善。知识学习的认知建构为什么是发生在具体的情景中呢？其主要原因是因为只有发生在具体的情景里，才可以让学生体验到知识存在的意义；除此之外，在集体的积极讨论中也会产生认知建构，因为学生在此过程中可以深入了解自身的经验，同时将其中的不协调性察觉出来，通过形成集体对于知识的共同理解来获得认知与知识之间的协调。由此得出，想要促进学生认知建构的产生，可以利用某种特定的情景以及引领学生进行集体的积极商讨来创造，从而促使学生的学习效率和教学对学生的吸引力两者相互融合成为一个整体，在知情意和谐中实现认知与情意的统一，挣脱就认知而认知的束缚。

第三节　情感、态度与价值观目标

传统的教学模式太过注重知识，把知识传送到学习者的大脑中，让他们对此进行熟记，学生就如同镜子一样将知识照本宣科地反射出来，此时的学习是麻木的接受，不仅毫无乐趣，还让人排斥。虽说这种教学方式可能让学生“满腹经纶”“学富五车”，与此同时，学生却丢失了最重要的在社会中飞翔的能力。学习成了单纯的“学”，而“习”的重要因素也丢失了。学习的重要性已经被知识霸占了，而学习中对于成长过程的体验却完全被忽略了，这对于完整以及富有深意的生命意义来说具有非常大的打击。而且，就目前的社会现象而言，多数的不良现象就说明一个问题——“不学礼，无以立”。教育是一个神圣的职业，学习也是一个意义非凡的过程，如果学习知识成为学习的一切，那它本来的蕴意就失去了意义。学生的第一课应该属于“如何做人”，而不是盲目地学习课本知识。在学生的学习过程中，教师有义务、有责任为孩子们筑造基本的做人道理：“己所不欲，勿施于人。”“己欲立而立人，己欲达而达人。”“躬自厚而薄责于人。”“见贤思齐焉，见不贤而内自省也。”“三人行，必有我师焉，择其善者而从之，择其不善者而改之。”任何教育都是一样的，学习都应以人为本。体育教育亦是如此，体育教育的情境也包括知识学习、技能训练以及能力的发展，还有学习策略、创新学习、学习意志等都是非常重要的，这也是健心与健身智慧以及情感与认知智慧的统一。苏联的教学论专家斯拉特金曾说过：“我们建立起很合理的、很有逻辑性的教学过程，但它给积极情感的食粮很少，因而引起很多学生苦恼、恐惧和别的消极感，阻止他们全力以赴地去学习。”由此可见，以人的整体心理活动为基础的情感活动与认知活动相统一的过程才能称之为学习过程，两者缺一不可。若学习过程没有认知因素，那学习任务就不可能完成；若没有情感因素的融入，那学习活动便不可能发生，更不可能维持下去。当前需要的教学方式就是从传统的就认知而认知旧框架中脱离出来，走进一个以认知情境与情感情境和谐发展的轨道。现如今，体育活动不再局限于某一种，而是各式各样、丰富多彩的，我们要利用其丰富的内容实现认知与情感统一，将情感态度灌输到课程的教学内容中来，使其成为有血有肉有灵魂的教学。

学习很重要，但学会做人、学会生活更重要，没有这两者的学习就好比失去了灵魂。联合国教科文组织曾在《学会生存——教育世界的今天和明天》该报告中指出："学会学习、学会生活、学会做人、学会生存是教育世界的今天和明天。"同时，康德也提出过，人的生命存在着感性生命与理性生命两重性，而且从哲学的角度将其分为了自然教育与实践教育这两种教育。何为自然教育，就是指把人看作是自然存在的物体，教会他们如何保养、如何训练，让他们依照自然的规律进行成长；实践教育则是把人视为理性存在的物体，生活方式不再是依存自然规律，而是教人遵从理性自身的法则——道德规范，来进行生活，在这里人就是自己的引领者，世界就是人类自由的王国。由此可见，体育教育的重任就是要使学习者在学习知识技能以及能力的同时也要学会怎么做人，在这个过程中，要养成健康积极向上的心理素质、高雅的审美情趣以及科学的世界观、价值观、人生观，使新一代的国家栋梁成为一个有理想、有抱负、有道德、有纪律的人。所以，可以得出一个理论，体育教学的乘数效应既需要理想与逻辑的设计，又需要制定一个面向未来进步的设想。教育过程并非简单地将知识学习完成就可以了，它还是一个富有丰富的情感以及蕴含人生哲理教育性的动态过程。就好像著名教育家杜威曾说过的那样，"给孩子什么教育，就等于给孩子一个怎样的生活"。因此，作为新时代的教师，要摒弃传统教育的缺点，将新时代教育理论发扬光大，做一个知识与道德并存的人。

上述内容对传统教育存在的弊端有了一定的说法，针对这些不足，在新课程的设计上做了很多调整，其标准要把情感、态度以及认知目标三者因素并列起来，只有经历完整的学习才能够实现教育目标。同时，教学过程中要执行"三维"的教学目标，就是指知识技能、过程与方法、情感态度以及价值观并存的教育，这也将新课程改革的发展趋势揭露了出来。想要将"三维"教学目标落实到位，就必须将对情感、态度与价值观目标的特征掌握好，并针对这些特征进行整体的思考。就目前的体育教学而言，存在着这样一个现象，很多教师知道情感、态度以及价值目标在教学中具有非常重要的意义，但是要将其精准地落实到实践中却非常困难，因此他们的研究重点仍然在认识技能目标的执行上。

一、体育教学:情感、态度与价值观的主要内容

体育教育的主要内容有:运动教育、生命教育、集体团队教育、友情教育、亲情教育、爱国爱民教育等。

需要培养的心理品质有:运动感、理智感等。主要表现在以下这些方面:学会尊重、学会关心、学会欣赏、学会合作、学会理解、学会快乐、学会负责、学会同情、学会感恩、学会独立等。

二、体育教学:情感、态度与价值观教学目标的设计与要求

我们把豪恩斯坦与布卢姆所提出的教学与评估的分类运用到对情感、态度与价值观学习目标的水平研究分析上,笔者提出三个层次具体性目标水平:体育学科总体目标、体育课程教育目标、体育课堂教学目标,以供教师进一步参考、理解、运用。体育教学的情感、态度以及价值目标的水平属于由上至下非常具体的逐级连续体,将这三种具体目标水平连接在一起。把这三种目标水平的时间、范围、功能以及运用进行具体比较可以得知,站在范围的角度上来看,总体的目标最广泛,教学的目标最具体;换句话来说就是,总体目标是一个大范围,它没有很具体的细节,教学目标就与之相反,它有非常具体的细节。我们可以把总体目标看作是一种远景,它属于情感、态度以及价值观教学目标的大纲,不是短时间内就可以实现的,而是需要经过长时间的学习才能将其复杂多向的目标实现。它是很多具体目标的整体概括,绝大多数的具体目标都包含在其中,其意义是为了测验整个体育学科的情感、态度以及价值观教育标准。实施课程就可以将情感、态度以及价值观教学的目标体现出来了,主要体现在学生对于知识技能的认知与形成的体验以及感悟的变化上。情感、态度以及价值观的教育目标是处于连续体的中间部分。从范围的角度来看,它属于连接其他二者的媒介,能够为具体的情感、态度以及价值观教学目标提供通道。站在运用的角度来看,它能够为教学单元的计划提供基础,目的是为了将“广泛”的总体目标划分为较集中较具体的教育目标,它可以将情感、态度以及价值观的单元水平目标缩减成该课时的具体目标,如此一来,就不用浪费精力与时间在选择哪一课时学习哪一单元这种烦琐的事情上。

(一)体育学科情感、态度与价值观的总体目标

体育学科情感、态度以及价值观的总体目标,就是将学校体育变成能够实现身心健康和谐发展,将思想品德教育与文化科学教学以及生活和体育技能教育融入身体活动中,并且将其进行科学有机结合的一门学科。想要实现这一目标,就需要

将体育课程的多种价值及功能充分地发挥出来；强调“体”是健康，“育”是精神的健身和育人的统一；利用体育和健康教学的多样性促进学生的身体与心理健康以及适应社会的能力，从教育品质的角度上教会学习者为人处世，如何做人、如何学习、如何在社会上生存等。

(二)体育课程情感、态度与价值观的教育目标

何为体育课程情感、态度以及价值观的教育目标，在《普通高中体育与健康课程标准》一书中对此指出，高中的体育与健康课程是一门将身体练习与智力活动相结合的课程，它的载体是进行科学合理的运动负荷，主要的学习内容是学习体育和健康知识、技能与方法，这是高中学生的一门必修课程，其目的是为了促进高中学生的身体素质，将其生活方式与生活质量进行优化与提升，具有明显的实践性与综合性，不仅是高中课程体系中不可或缺的组成部分，还是学校进行素质教育与培养学生德智体美劳全面发展的必要途径。

体育课程情感、态度以及价值观的教育目标如图 3－1 所示。

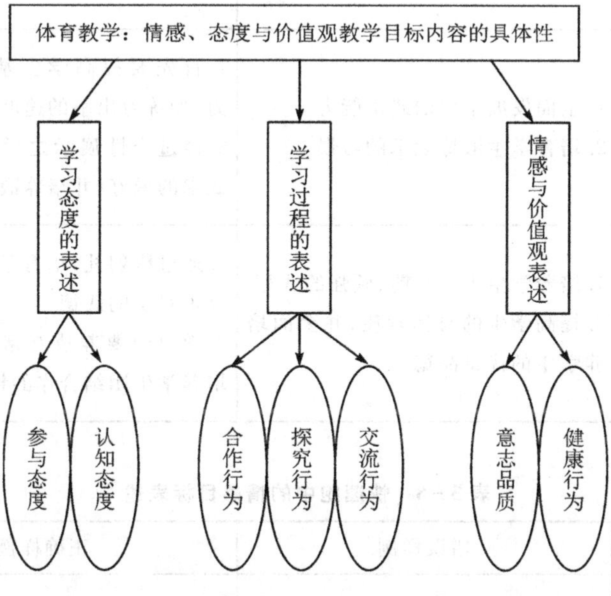

图 3－1 体育课程教学情感、态度与价值观的教育目标

(三)体育课堂情感、态度与价值观的教学目标

情感、态度以及价值观不是一成不变的，它们具有不确定性、随机性以及内隐性等特性。因此，为了检测到它的内在变化，国外的有关学者提出了以下两种体育课堂情感、态度与价值观的教学目标表述法。

1. 内部过程与外显行为相结合的目标表述法

首先，用形容内部心理过程的表达术语将一般性的学习目标体现出来，以反映理解、欣赏、热爱、运用、分析、尊重等内在的心理变化，其次将这些反映内部变化的例子列举出来，用来表述具体目标，从而检测出内在的心理变化。

内部过程和外显行为相结合的目标表述法不仅将内心变化的缺陷突显了出来，还将行为目标表述的优点存留了下来，这种表述方式是用来表述情感、态度以及价值观目标的较为适宜的一种方法，如表 3－7 至表 3－9 所示。

表 3－7　少年拳中的情感目标表述

错误类型	错误样例	正确样例
教育目的替代教学目标	1. 借助少年拳教学让学生成为一个全面发展的人 2. 把拳作为美育教育的媒介，陶冶情操	首先要充分掌握少年拳的基本步法以及手型，然后学习其中 1 到 4 节的动作
模棱两可，标准模糊	1. 全面发展学生的武术能力 2. 培育学生锻炼武术的习惯	1. 首先要提高学生基本的武术能力，如练习出拳的速度与飞腿跳跃 2. 经过个性展示之后，引发学生对武术的爱好，并培养锻炼的习惯
行为主体，表述错位	1. 培养学生勇往直前、顽强的武德 2. 提高学生的身体素质，并全面培养学生的优良品德	1. 通过鞠躬礼，培育学生以礼待人、尊重对手的武德 2. 学习中要养成互帮互学的习惯，培养学生团结合作的精神

表 3－8　快速跑中的情感目标表述

错误类型	错误样例	正确样例
教育目的替代教学目标	1. 通过学习快速跑运动，将学生运动水平全面提升起来 2. 发展学生跑步技术的同时，提高自身身体素质	1. 首先要掌握跑的基本技术，熟悉跑对于健身的作用 2. 在跑的过程中对各阶段技术以及身体的协调能力进行改良

续表

错误类型	错误样例	正确样例
模棱两可，标准模糊	1.发展学生跑的能力的同时，让学生培养成良好的锻炼习惯 2.激发出学生对跑的兴趣，树立起终身体育的思想观念	1.通过多样化跑的练习，将奔跑的能力以及下肢力量提高起来 2.利用与跑相关的趣味性游戏，引发学生的热情以及体验跑的乐趣
行为主体，表述错位	1.全面培养学生顽强拼搏的体育毅力 2.促进学生集体主义精神以及组织纪律	1.采用鼓励、树立榜样、互帮互助的方法，提高学生参与合作的精神 2.培养学生乐于助人、关爱尊重他人的优良品德

表 3-9　健美操中的情感目标表述

错误类型	错误样例	正确样例
教育目的替代教学目标	1.通过学习健美操，全面发展学生美的能力 2.提高身体素质	1.学习健美操的 5—7 节，同时还要巩固 1—4 节，树立规范正确的动作 2.通过多种形式的组合，发展身体的协调性与姿态美
模棱两可，标准模糊	1.用练习的方式提高学生对美的欣赏力 2.激发学生学习兴趣，促成学生终生学习的思想观念	1.采用自我展示以及相互欣赏的模式，培养提高学生对美的欣赏力 2.师生同舞，感受运动的乐趣，进而培养良好的锻炼习惯
行为主体，表述错位	1.在学习中培养学生团结互助的品德 2.培养学生团结合作、交流探究的品质	1.学生通过互助互学以及相互点评的方式，提高学生参与合作的积极性 2.运用分组展示、自行编排队形的方式，培养自己合作创新的能力

体育教学内容关注到的内容既包括了体育知识和技能上的要求，还有情感态度与价值观以及过程与方法上的要求。但是，从具体的教学实践活动上看，只有知识与技能这方面有明确的指向，操作性较强，而过程与方法，情感、态度与价值观的目标就显得非常抽象，内容也比较贫乏，实施的具体途径以及载体都比较少。如表 3-10 所示，该表中的过程与方法的教学目标，如何让学习者掌握篮球技能？该目

标的重要载体很明显就是教材中关于“学习投篮、移动运球、传接球、多样投篮”的学习，但是达成该目标的方法与途径都没有突显出来。再比如，在情感态度与价值观教学目标中，如何让学生明白篮球运动是人生中健康教育的一种资源？对于该问题的途径与实施载体也没有体现出来。

表 3-10　篮球中的情感目标需要改进的样例

需要改进的样例
1. 知识与技能目标
(1)学习投篮、运球移动、传接球、多样投篮
(2)提高学生的速度、反应能力以及敏捷度，提高学生身体素质
2. 过程与方法
(1)提高学生练习的积极主动性，培养学生对篮球这项运动的热情
(2)将体育文化精神传承下来，树立终身进行体育锻炼的习惯与思想观念
3. 情感、态度以及价值观
通过学习篮球，形成团结合作、互帮互助的集体主义精神

如果将上文中的过程与方法以及情感态度与价值观目标调整为表 3-11 中的内容，不仅会让可操作性更强，还可以让教学实践的指导意义更大。

表 3-11　篮球中的情感目标正确样例的表述

正确样例
1. 知识与技能目标 (1)首先初步了解“投篮、移动运球、行进间投篮、传接球”基本动作、技术要领，规范正确的动作 (2)通过进行这四种动作的学习，提高学生的反应速度以及灵敏性，全面提高学生的身体素质 (3)要培养学生优良的品质，如有组织、有纪律的学习态度，以及善于与他人合作的精神，这些优良的品德可以为之后的训练奠定基础 2. 过程与方法 (1)提高学生对篮球这项运动的学习兴趣，与此同时，培养学生篮球练习的积极性与运动篮球的能力 (2)学会利用篮球的学习手段来进行体育锻炼 3. 情感、态度以及价值观
(1)在篮球学习中，培养学生团结合作、互帮互助的集体主义教育
(2)要明白篮球既是运动又是教育，可以促进一个人全身心的发展与完善
(3)通过各种途径收集与篮球相关的资料，同时养成热爱运动、科学运动的习惯

2.表现性目标表述法

所谓表现性就是指学生在具体的教育情境与活动中所体现出来的个性化，运用这种方式只能够将学生在活动中应该要表现出来的行为以及态度表现出来，不能将可测量的学习结果体现出来，这种方法主要适应于表述那些需要很长时间才能够实现出来的情感和能力方面的目标，或者不需要测量出结果的目标。表现性目标侧重于表现两字，它和行为目标不一样，行为目标看重的是学习最终结果与预期的目标是同等，但表现性目标更加重视学习者的亲身体验与感悟存在的区别，更希望学生表现出自己的个性化与创造性。

在使用表现目标表述法的时候，教师只需要告诉学生学习任务是什么，需要参与什么活动即可，至于需要全体学习者达到一个什么样的标准以及明确规定需要学到什么都不做要求，因为其目的就是为了让学生能够极力发挥出自己的个性化。如，在健美操课中给学生传递的思想是：让学生亲身体验或欣赏健美操的旋律，将学生的学习激情诱发出来，引发学生的积极主动性与认可性。

内部过程与外显行为相结合的目标表述法与表现性目标表述法给我们带来的启发有以下几点。

(1)情感态度与价值观目标的陈述不仅要具体，还要有可操作性。教师要明确提出学生要在哪种情境下，通过哪一种活动，需要表现出什么态度，然后对此要做出什么行为，如“培养学生对美的欣赏力”可陈述为“通过相互欣赏的方式，进行自我表演，将其个性展示出来，从而培养学生对美的欣赏能力”。

(2)设计上既要具有开放性，又要多元化。简单来说就是指活动的结果要属于开放性的，而不是唯一的；要具有个性化，而不是通俗的。因此，教师在这一环节上就需要设计出能够诱发学生积极主动参与的学习情境，例如，把“培养学生合作、探究的价值观”目标设计为“采用分组展示、团结合作、队形自排的学习方式，培养学生合作创新的能力”。

(3)评价要具有欣赏性与过程性。情感态度与价值观属于一种内在的思想变化，它不会马上表现出来，一堂课就想要将其培养出来的可能性不大。因此，教师要带有欣赏性去评价，如果一味关注学生的学习结果，不管是对于学生还是学习目标而言都是不可取的，应该把重点放在学生在这个过程中有什么表现，经历了什么样的情感，对于这些事情保持着什么样的态度等。例如，“培养学生对篮球这项运动的兴趣，为了提高练习的积极态度以及运用篮球运动的能力”。又比如“培养学生的纪律、学习态度、乐于助人的精神以及善于合作的品质，能够为以后进行体育活动奠定扎实的基础”。

综上所述，想要表述体育课程的“三维目标”可以采用以上两种表述法进行综合表述。例如，健美操课程中想要培养学生的“三维目标”可采用以下这几种表述方式：①利用课程教学的方式让学生感受与体验到健美操的健身以及律动作用；②能够掌握健美操的三种手形与两种步法，同时学会健美操1—4节的基本动作要领；③在学习的过程中培养学生对于健美的审美能力，养成锻炼的好习惯，能够在合作学习中将对于队形的创编能力发展起来。这种表述方式将知识与技能目标（体验、感受）、过程与方法目标（合作、创编能力）以及情感态度价值目标（审美能力、锻炼习惯）都包含到了一起，如表3-12所示。

表3-12 乒乓球基本技术目标分类

目标类型	分类后的目标
知识	反手推挡的定义及核心的技术要领：保持拍面角度成垂直位，向前伸臂击球
理解	模仿击球准备姿势，体会正确的推挡击球动作及时机
应用	斜线推挡和变线推挡，体会手腕对球拍方向的控制，加力推挡体会手腕的用力程度
分析	比较与攻球技术的不同点，练习攻球技术、体会此两项技术
评价	比较两项技术的异同，评价两项技术的掌握程度
综合	练习中灵活运用此两项技术，基本掌握乒乓球技战术

（四）在目标的设计中应注意教学内容的要求与区别

情感态度与价值目标在体育这一门学科当中经常是以一种隐性的状态呈现出来的，它不是独立存在的，而是融合在其他的学习和练习的过程与方法的运用当中，它的形成与发展是在知识技能的建构情境中实现的，最后表现于师生间的沟通与合作以及研究中。它的实现过程显示并不是那么简单的，而是经过多个环节的身体技能练习才得以形成。让学生产生精彩观念的是技能练习的道路，而让其落脚的则是练习的实践。有学者曾说过，体育不属于思考的东西，而属于练习的东西。

由此可见，课程资源以及教学空间都是具有开放性的，其主要变动的因素来自各教材的不同性质与不同的教学内容。对于情感、态度与价值观目标而言不能盲目设计，要设计出具有针对性的目标。例如，其在长跑等锻炼的课程中属于显性的、主要的教学目标。因此，在进行教学目标设计时，要将健身、情致、娱乐以及审美看作一个体系，将练习方式、运动态度教育、终身体育教育等进行优化，从而将学生对运动热情的态度与理想呈现、发展出来。同时，在课程教学的组织中，教师还需要注重将教学内容与游戏跑、合作跑、比赛跑等多种多样的练习形式相结合，进行多元化的开发，使其发挥出叠加效应，从而创造出快乐的练习氛围，进而将学生的兴趣激发出来。

（五）在情感、态度与价值观目标的设计中应注意的事项

（1）在情感、态度与价值观目标的教学设计中，教师需要侧重描述的词语有：合作、体验、感悟、交流、互帮互助等，将其理想的人格与道德的价值责任感表现出来。学生的心理发展是教学的主要核心，整个教学过程应以学生的心理发展为基础，将富有个性的情感与态度价值观牵引出来，使其渗入到知识与能力目标中来。同时，整个学习中都应该渗入情感态度与价值观目标，但是需要注意的一点是，不可以添加任何外加与拔高的思想教育。

（2）陈述目标的时候需要站在学生的角度上来看，语言表达上要将“学”的结果表现出来。例如，“培养学生体育运动兴趣的情感”可以修改为“让学生体验参与体育活动的快乐心理。”那些“使学生怎么样”“提高学生什么”这类陈述表达都不符合要求。

（3）不能将教学目标的全面性生搬硬套。教学目标是根据实际教材而进行针对性设计的，教材或多或少都会有自己的特点，而且每一课的教学目标侧重点也不尽相同。例如，有的能够将“三维”目标鲜明地体现出来，但是有的只能将其中一项或两项目标体现出来。

（4）在设计教学目标的时候需要树立单元结构模式的备课意识。不仅要注意到教学设计中的“硬任务”即知识技能与综合性学习等在教学中是怎么体现出来的，还需要注意“软任务”即道德情感的熏陶、培养文化意识与想象力思维，以及学会学习等是怎样在教学中展现出来的，能够做到将教材啃透、全面把握、整体设计、融会贯通。

（5）和知识与技能、过程与方法相比较，情感评价的内隐特点更明显，采用量化的方式更难以进行精准客观的描述，这对于教学目标设计的实施与评价而言，任务非常艰巨。所以，对学生的情感态度价值观目标进行评价时要侧重于其过程与结果的统一性，采用开放式的评价方法更为适宜，方可将情感态度价值观的激励、发展的功能充分发挥出来。

（六）教学目标的编写

教学为什么难以将尺度把握住？教学效果为什么难以测定出来？主要是因为对教学意图的陈述是从“三维领域”的目标上出发的。我国很多学者对此进行分析，提出了很多设想，现把编写情感教学目标可供选用的词列举出来，如表 3－13 至表 3－15 所示。

表 3－13　教学目标关键词——认知方面

教学目标层次	特征	可参考选用的关键词
知道	能够回忆起信息	回忆、描述、识别、领会、选择、辨别、列举、讲述、标明
领会	能够将信息解释出来	举例说明、解释、转换、归纳、猜测、区别、分类、鉴别、引申、摘要、叙述、改写、估计
应用	把知识引入到新的情境当中去	计算、修改、解决、运用、确定、说明、方案、改变、诊断、推断、解答、订计划、辨析
分析	对知识进行分析，将各部分之间的联系找出来	量化、评析、选择、分析、区别、分解、指出、检查、图示、比较
综合	把各部分的知识进行重新组合，使其成为一个新整体	猜测、假定、编写、创造、形成、实验、调研设计、提出、组织、计划、综合、归纳、总结、建议
评价	按照一定的标准进行判断	价值、证明、总结、鉴别、比较、判断、评定、说出

表 3－14　教学目标关键词——情感方面

教学目标层次	特征	可参考选用的关键词
接受	开始关注某种活动或事情	注意、选择、接受、赞同、容忍、分享、积累、区分
反应	针对某种提问或活动愿意参与，并作出相应反应	陈述、回答、完成、选择、列举、遵守、记录、听从、称赞、欢呼、表现、帮助、方向、规律、移动、展示
评价	对某种行为作出判断，同时要表现出对某件事的接受	参加、完成、决定、影响、论证、差别、继续、支持、评价、辩论、接受、承认、区别、解释
组织	把各种具有不同价值标准的体系组合在一起，让它们彼此之间形成相互联系的关系，建立重要与一般的价值	下定义、系统阐述、权衡、选择、制订计划、决定讨论、讨论、组织、判断、使联系、确定、建立、比较、平衡、组织
价值与价值体系的性格化	具有长期控制自己的行为以至发展了性格化的价值体系	修正、改变、接受、喜爱、承诺、继续、变化、获得、抵制、道德、忠诚、解决、贯彻、要求、精神、发扬

表 3-15　教学目标关键词——动作技能方面

教学目标	特征	可参考选用的关键词
反射运动	通过某种特征环境的刺激做出的调节动作	屈曲、伸展、挺直、抑制、伸长、变短、放松、拉紧、生硬、紧张
基本运动	在同一地方、空间上做简单的移动、运动四肢的运动	走、跑、跳、投、爬、抱、支撑、摆动、悬垂
感知能力	包括对视觉、听觉以及运动觉的鉴别，联合两个或多个感知能力	感知、翻转、平衡、弯曲、交叉、触摸、旋转、屈身、保持平衡、接住（某物体）、踢、移动
身体能力	施加紧张、快速移动、立即停止、忍受疲劳	忍受、改进、增加、停止、开始、运动、触摸、弯曲、提高耐力、迅速反应、举重
技巧运动	将基本的身体运动模式进行深化，在身体适应范围内使用器械或者姿势技巧	弹起、跳跃、平衡、滑行、翻转、倒立
心向	是一种情感之间进行传递的动作	手势、展示、讨论、领会、领悟、运用、优美、模仿、交流、情趣、美感、表达、愉快、协调、激活

三、情感、态度与价值观教学目标的结构与应用

全面了解教学目标是怎样进行分类的，对于教学目标的制定有着非常大的指导意义。1956 年，布卢姆发表了《教育目标分类学 第一分册：认知领域》；1964 年，克拉斯沃发表了《教育目标分类学 第二分册：情感领域》；1972 年，哈罗发表了《教育目标分类学 第三分册：动作技能领域》。他们将教学目标分为认识领域、情感领域与动作技能领域这三大类。认知目标包含知识、综合、评价、运用以及理解；而情感目标包含反应、接受、价值的评价等；技能目标包含基础动作、知觉能力、技巧动作等。我们对教学目标进行评价时可以参考该分类体系。

（一）认知领域的目标分类

认知领域不仅是教学目标中最普遍的一种形式，还是学校教育看得最重的领域。它所涉及的主要内容就是知识与技能间的传递，这也属于学校教育的主要任务之一。布卢姆等人把以学习知识与开发智力为主要任务的认知领域的目标由低至高分为六级，如图 3-2 所示。

1. 知道(knowledge)

认识领域教学目标是由低层次到高层次来进行分级的，那么认知领域当中最低一级的水平目标就是“知道”，所谓知道就是指学生对原有知识的一种回忆，其中包含了具体事实、理论、方法以及结构和背景等方面的回忆。而这个领域中最低水平的认知学习结果是知识，它的要求不高，主要就是记忆，如，对于铅球动作的要领能够通过回忆准确阐述出来；可以将排球的动作要领准确无误地说出来。知识层次的学习结果主要体现在学生对于已经学过的知识能够回忆起来。

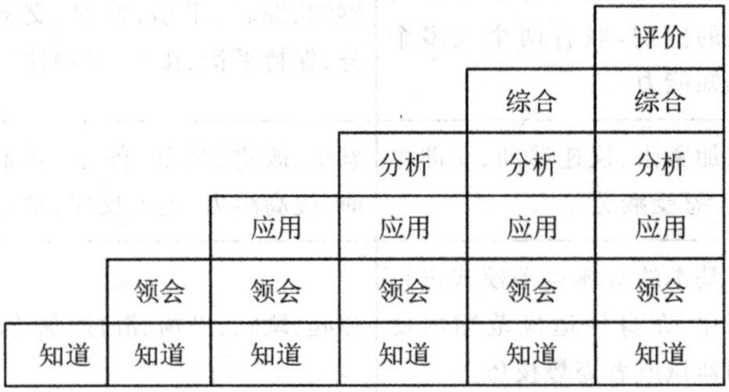

图 3-2　认知领域教学目标从低级到高级层次图

2. 领会(comprehension)

用最简单的话来讲，所谓“领会”就是指“理解”，指学习者对于运用知识的能力。对于知识的理解程度可以通过推断、解释以及转换这三种表现形式体现出来。“推断”就是指将发展的趋势推测出来；“解释”就是指用自己的话将我们看到的信息概括说明出来；而“转换”的意思就是指把信息原有的意思通过一种不同的表达方式将其无误地表达出来。

3. 应用(application)

何为“应用”，意思就是将所学到的知识运用到新情境中去的能力。应用的范围非常大，包括了对理论、方法、概念等方面的应用。应用与“领会”的实质区别就在于是否涉及这一项知识以外的事物。领会仅限于自身的条件与结论的理解。而应用需要有背景材料，构成问题情境，而且是在没有说明问题解决模式的情况下，正确地操作、使用运算等。构成问题情境的必备条件是：新问题；是由学生原有的知识构成的问题情境。“应用”相对于“知道”与“领会”来说其水平相对较高，它的水平层次是以后两者为基础的。

4. 分析(analysis)

"分析"顾名思义就是将烦琐的信息、整体的知识材料分为很多小部分，且具有能够清楚地了解这些部分间所存在联系的能力。如，将教材中"跑"的段落划分出来并找到中心问题；将实验中为事实的部分列举出来，为假说的部分亦是如此。"分析"不仅需要充分理解知识内容，还要了解知识的结构。因此，它所代表的智力水平比"应用"具有更高难度。

5. 综合(synthesis)

所谓"综合"就是将知识的每一个部分进行重新组合在一起，这与"分析"截然相反。"综合"是一种将知识进行组合使其形成整体的能力，它所强调的是形成新的知识结构与创造性的能力。在它的领域内，要学会打破旧的常规思维模式，将新的解决办法提出来；可以按照自己的想法将学习过的知识进行归整，对于条件欠缺的问题能够主动创造出条件，对于结构完整的问题，能够设计出解决问题的方案等。例如，利用所学的历史知识，将中国足球亚运会比赛的必然性分析出来。

6. 评价(evaluation)

所谓"评价"就是指为了实现某些目标和学习内容、方法等予以价值判断的能力。在这之前，需要在"综合"的基础上形成一种能够对各问题产生看法或者价值观，再利用客观的对象同这个标准之间的关系进行具体分析，方可做出有关判断。由此得出，"评价"的学习水平层次相对于"分析"与"综合"来说更高。例如，对一个实验进行分析，并可以正确地将其科学价值判断出来。

如果有特殊的需要，还可以将这些目标划分成更细、更具体的目标群，而这些目标群则是行为目标设计与测量的基础。从以上的目标分类系统中得知，"知识"就是指对知识做出简单的记忆，而后面五个层次都是属于智力技能，它们要对知识进行新的组合。这五个层次的智力技能没有分界线，它们之间常常是以一种交织叠加的形式出现的。因此，我们对教学目标进行设计的时候，如果仅保持在"知道"的水平上那是远远不够的，对于学习者的智力技能方面应该加强重视。但凡有点重要的概念或者原理的教学，其教学目标都需要按照六级来设定，对教学效果进行评价。而有些学习内容要求就不需要那么高了，不一定要求学生进行分析、综合与评价。由此可见，在设计教学目标时，我们不能将一种方法进行生搬硬套，而是要灵活运用、具体问题具体分析。

(二)情感领域的目标分类

所谓情感就是指对于外界刺激所产生的否定或肯定的一种心理反应，比如厌恶、喜欢等。人的行为常常会受到个体情感的影响，针对情感领域的目标比较难以确定这个问题，我们推荐使用克拉斯伍(Krathwoh)的分类方法，如图3－3所示。

				性格化
			组织	组织
		评价	评价	评价
	反应	反应	反应	反应
接受	接受	接受	接受	接受

图 3－3　情感领域教学目标从低级到高级层次图

1. 接受(receiving)

“接受”就是产生情感的第一步，意指愿意关注某事或活动。例如，自觉听课、参加班级活动等。

2. 反应(responding)

“反应”比“接受”进了一级，就是指自愿加入某事，并对其做出反应。例如，能够自觉完成教师布置的任务，参加小组讨论，热心参与篮球比赛等。

3. 评价(valuing)

所谓“评价”就是指发现某些行为或者事情的价值，然后接受此事，并对此追求，还能够表现出一定的坚定性，将这件事的内部价值观反映了出来。例如，主动参与排球练习、积极参与体育锻炼等。

4. 组织(organization)

所谓“组织”就是指在同时遇到多种价值观念时，把价值观组织成为一个体系，并接受自己觉得重要、有意义的某种价值观，形成个人价值观体系。例如，能够接受“生命在于运动”这一价值观念，然后每天都能积极进行体育锻炼等。

5. 个性化(characterization)

所谓“个性化”就是指内化了的价值体系形成了学生的性格特征(人生观、世界观、价值观)，这也是情感教育中的最高境界。例如，保持良好的身体素质以及健康状态，能够在比赛过程中将团结、合作的精神体现出来。

(三)动作技能领域的目标分类

动作技能领域目标是为了使学习者的协调性与肌肉力量发展起来。不管是小学阶段，还是中学、大学阶段，都非常重视动作技能领域的目标，这也是教育界中重要领域的教学目标。我国有学者将其称为“技能学习的认知阶段”。同样，将动作技能领域的目标从低层次向高层次发展可分为反射运动、基础生理活动、感知能力、身体运动能力、运动技能与综合运动能力六级。需要注意的是，第一级与第二级水平不归属于教学目标，此类目标涉及的内容是骨骼与肌肉的使用、发展与协调。这里主要推荐的是辛普森(Sirrxpson)于 1971 年所提出来的分类方法，也是当前社会中运用范围较广的一种分类体系，如图 3－4 所示。

1. 知觉(perception)

所谓“知觉”就是指通过感官获取信息以指导动作，其目的主要是掌握某种动作技能的有关性质与功能、知识等。例如，起泡器是如何操作的。

2. 准备(set)

所谓“准备”就是指为了能够适应某种动作技能的训练，在心理上以及身体与情绪上提前做好准备。例如，为了掌握篮球的一些较难的动作，先做热身动作以便练习。国内有学者将知觉与准备阶段称为“技能学习的认知阶段”。

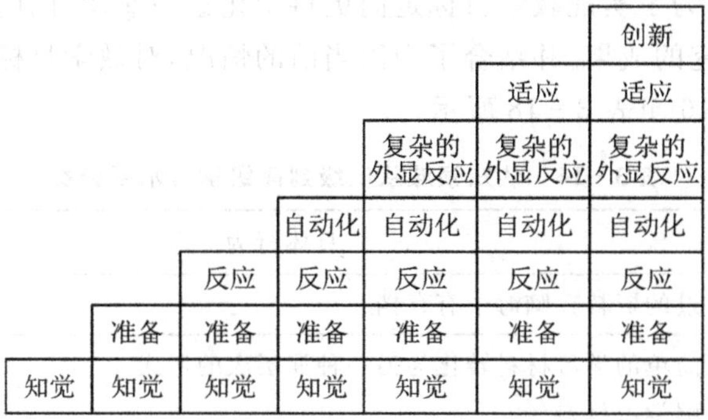

图 3－4　动作技能领域教学目标从低级到高级层次图

3. 反应(guided response)

所谓“反应”就是指可以在教师的指导下将有关动作的行为展现出来。例如，可以模仿教师的动作然后进行学习；可以在教师的指导下进行练习，慢慢使其动作更加规范。

4. 自动化(mechanism)

所谓“自动化”就是指通过一段时间上一定程度的练习，需要掌握的动作已经形成了较为成熟的技能。例如，能够掌握正确的投铅球动作等。

5. 复杂的外显反应(complex overt response)

所谓“复杂的外显反应”就是指能够在最短的时间与消耗精力最少的情况下将全套动作技能完整地展现出来，并做到操纵自如、一气呵成。例如，正确无误地完成单杠大回环动作。

6.适应(adaptation)

所谓“适应”就是指能够将学会的动作技能运用得很自如，能够很好地适应环境与各种要求的变化。例如，利用自己学成的舞蹈技巧，编制出一套完整的健美操。

7.创新(innovation)

所谓“创新”就是指经过学习动作技能，可以创造出一套新的动作技能的能力。例如，将动作技能进行优化，创造出新的舞蹈动作等。

结合上文所阐述的内容，可以将教学目标分为三大类，以便于讨论。现实中的教学，这三类学习会在同一时间内发生。有可能是在学习某种内容时，其中融入了或多或少的情感、态度、技能等内容。因而，在设计教学目标的时候，要综合考虑到某学习内容的不同类型的学习目标，促使学生能够实现全方位的发展。

近几年以来，为了实现教学目标走向更科学化这一愿望，国内学家参考了许多国外教学目标研究的成果，并结合了中国当前的情况，对教学目标的分类提出了许多设想，如表3-16至表3-18所示。

表3-16 认知领域从低级到高级学习水平分类

学习水平	具体行为
记忆	学习过的资料在脑海中有存档
理解	1.把简单的学习材料转化为另一种深层次的形式 2.了解学习材料 3.能够对学习材料进行基础的判断与分析
简单应用	把掌握的学习资料运用到一种新的情境当中，并能够利用它解决问题
综合应用	1.能够辨别出一些综合性问题的组成部分 2.对组成部分之间存在的关系进行分析 3.把这些组合部分的原理进行重新组合，并将其进行综合运用解决问题
创见	1.打破老旧的思维模式，用一种新型的思维模式去思考问题，并能够提出具有创意性的方法 2.自己设计解决可行性的解决方案

表 3－17　动作技能领域从低级到高级学习水平分类

学习水平	具体行为
模仿	1. 模仿某种表演或动作和对工具与装置的使用 2. 将描述的语言转化成实际动作
对模仿动作的理解	1. 理解动作的结构原理 2. 对动作的作用进行解释 3. 针对动作结果进行解释说明
动作组合协调	1. 实现动作分解与组合 2. 设计动作组合的计划 3. 对实验结果进行概括与解释，写出实验报告
动作评价	1. 对动作作用进行评估 2. 设计出组合动作 3. 熟练地进行动作展示 4. 对结果进行解释、推论以及评价
新动作的创造	1. 在新情境下对动作进行设计并实现 2. 在新情境下对结果做出解释与概括

表 3－18　情感领域从低级到高级学习水平分类

学习水平	具体行为
接受	1. 在适当的环境下注意对象的存在 2. 在给予机会的时候有意地注意对象 3. 对于教师的讲解集中注意力
思考	1. 遵从教师指示做出相关动作 2. 主动与对象打交道，且能够与过去的经验产生联系 3. 能够有意识地、兴高采烈地与对象打交道
兴趣	1. 有深入了解的欲望 2. 能够愉快地与对象打交道 3. 不愿停止自己的思考与动作
热爱	1. 关注对象存在的意义与价值 2. 将存在的价值进行深化，将其成为坚定不移的信念 3. 发现对象的美，并成为自己的理想信念
品格形成	根据自己的价值观所产生的信念，内化为自己的品格，并将其利用到自己的言论与行为当中

第四章　高校体育教学方法设计与实践

教学方法是每一名教师展开教学活动都必须要注意的问题，其方法的选择以及运用的好坏都会直接影响教育教学效果。如何选择最优教学方式，制定最佳教学策略，提高课堂教学效率，是体育教学设计的重点问题。

第一节　体育教学方法分析

教学方法是教师教学活动中所采取的行为方式的总称，主要涵盖教师的教授方法和学生的学习方法两方面内容。教师的教授方法应渐渐围绕学生的学习方法展开，这样才能保证教学的针对性和可行性。教无定法，贵在得法，教学方法的选择与应用应根据学生的认知水平现状以及发展空间和能力具体制定，求真务实、追求有效。

一、教学方法选择的依据

教师应当在现代教学理论的指导下，综合考虑教育环境内各项影响因素，把握各教学方法的特性，科学合理地选择和组合教学方法。

（一）依据教学目标选择教学方法

教学目标是教师展开一切教学活动所设立的一个理想点，是敦促教师展开科学教学活动的一个激励因子。在课堂教学中，教学目标具体分为学期的、单元的以及课时的。不同水平、不同领域的教学目标的达成都依赖于特定的教学方法。同时，教学目标制约、影响教学方法的选择，教师应依据具体的可操作性目标来选择和确定具体的教学方法。

（二）依据教学内容特点选择教学方法

体育教学常包含各种各样的知识内容，具体的知识内容对学习的要求都是不同的，因此这也要求相对应的教学方法能够区别化对待，以此保证各项知识内容的科学吸收和有效内化。这就要求，教学方法应该有多样性和灵活性等特点。

（三）根据学生实际特点选择教学方法

学生是教学活动的主体，其本身特点直接影响教学的一切活动展开。因此，学生的实际特点也会直接影响教学方法的选择与运用。教师应当全面、科学分析学生的实际特点，制定有针对性的教学方法，以切实提高教学的有效性。一般来说，学生的实际特点主要包括其心理特征、知识基础特征以及动作技能水平三个方面。

（四）依据教师的自身素质选择教学方法

教学方法就像是教师的一把武器，打赢一场仗首先应拥有一把"称手"的武器。在教学活动中，教师的教学方法同样也应适用于教师本身，应能够适应教师的学科素养条件并能为教师本身理解和把握，只有这样才可能使教学方法发挥有效作用。对此，教师应当根据自己的实际优势和教学特点，选择与自己最适应的教学方法。

（五）依据教学环境条件选择教学方法

教学环境是教师展开教学活动的重要因素，适宜的教学环境影响教学效果，也影响教学方法的选择与运用。教师在教学方法的选择上，应运用各方面条件和优势，最大程度发挥教学环境的影响和作用。

二、教学方法选择应注意的问题

（一）因材施教，强调教学的适应性

学生的个体差异明显，知识水平基础与认知发展能力也各不相同。教学不应要求统一性和一致性，应能够因材施教，尊重学生的个体差异。对此，教师应根据学生个体的水平和能力选择和运用教学方法，以突显教学的适应性，促进学生对知识的最优吸收。

（二）与教学组织形式相配合，强调教学的整体性

教学方法不是孤立存在的，它与教学的各项要素紧密相连而又彼此作用。其中应注意使教学方法与教学组织形式结合在一起，以此才能从整体上提高教学的科学性和整体性，使教学方法更加科学有效。

（三）以学生健康为目标，强调教学的发展性

体育教学始终围绕体育二字，也就是说一切的体育教学活动都应遵循体育的基本宗旨，即促进人体健康。因此，体育教学必须要以促进学生身体健康为基本目标。教师应在体育教学方法的选择上考虑其对学生发展的影响，强调体育教学在学生健康发展方面的促进功能。

（四）注重学生的非智力因素培养，强调教学的情意性

体育教学在促进学生健康的同时，应当注重培养学生的非智力因素。在教学方法的选择和运用上，应力求能够激发学生的学习积极性和学习自信心，使学生逐步养成健康的生活方式，促进学生发展。

(五)教法与学法统一,强调教学的双边性

教学方法的选择与运用无疑会受到教师与学生两大主体的影响,它要求在能够满足教师教学引导需要的同时,满足学生知识获取的需求。这不仅对教师教学有要求,也对学生学习有要求。因此,教学方法首先要能够满足两大主体的需要,力求两者结合,使教师在教学上游刃有余的同时,学生能够有效掌握运动技巧并发展自身素质。

三、教学方法的选择与确定

(一)以语言教授为主的方法

这种教学方法主要包括讲授法、谈话法。

1.讲授法

讲授法,即指教师通过简练、生动的口头语言在课堂上向学生传授知识的一种常见教学方法。这种教学方法直接有效而具有普遍性,适用于大多数教学课堂,在体育教学课堂上同样起到较大作用。在实际教学中,讲授法又可以分为讲述法、讲演法和讲读法等几种。通常情况下,讲授法的运用应注意以下几点。

(1)组织好授课内容,不仅要讲解书本知识,同时还注意知识的发散性,传授一些书本上没有的知识。

(2)讲授时语言简练生动,具有节奏感。

(3)强调学生的参与性,讲授时注意通过设问、答疑、模拟等方式调动学生参与。讲授完后留给学生一定的交流时间,以进行自我分析、总结。

(4)应尽可能精讲多练,提高练习的密度。

2.谈话法

谈话法在教学活动中也采取较多,是指教师与学生之间以口头语言问答的形式展开的一种教学方法。这种教学方法即为强调师生之间的互动性、对话性,有助于启发学生思考,培养学生动手动脑能力。通常情况下,谈话法应注意以下几点。

(1)教师应当设计好谈话的过程,确保问题明确、难易适中且具有启发性。

(2)是注意临场技巧的运用。

(3)教师应耐心倾听学生的回答,并注意对其进行疏导和点拨。

(4)要注意培养学生回答问题的勇气,要求声音洪亮。

(二)以直接感知为主的方法

以直接感知为主的方法,具体是指动作示范法,这是一种在体育教学课堂上常用的教学方法,具有直观性特征。教师通过动作示范向学生直观地展示技术动作,

以使学生对知识技术建立最直观的印象，并帮助学生理解。动作示范法无疑是最经济、实用的，是体育教师授课最常用的一种教学方法。通过动作示范，教师可以向学生传授完整的技术动作，同样也可以展示技术细节，如动作顺序、用力位置等。这有助于帮助学生在心中形成相对完整的技术动作系统。通常情况下，体育教学动作示范应注意以下几点。

(1)注意示范动作的准确性和规范性。教师自身应充分理解各项技术动作，力求在示范时动作的准确和规范，以引导学生对动作形成正确的印象。

(2)注意示范要能够使全体学生看清楚，应选择最适宜的位置和方向向学生展示动作。

(3)示范时应强调讲解的重要性，使示范与讲解结合。示范某一动作时，如有需要可进行专门讲解，以便学生更好地理解和吸收。

“教无定法”，教师应当认识到教学方法运用和选择上的具体性、差别性和多变性。应根据教师自身、学生特点、教学内容本身等种种因素和特点具体制定和选择教学方法。

第二节 教学方法的选用与常见的教学方法

一、体育教学方法选用的原则

(一)全面贯彻教学、学习、研究三者同步协调原则

(1)师生的教与学应协调同步，在教学活动中共同参与知识发现和技能形成。对此，教师应吃透教材内容，掌握本学科各项知识内容之间的联系，精心设问，鼓励学生参与，启发学生思维，培养学生的思考能力。此外，应注重信息反馈的重要性，对教学方式进行科学调整。在教学过程中，教师应当注意观察学生的各个状况，如学生的技术动作、学习情绪以及面部表情等，及时得到反馈信息，并调整教学内容、速度等，以进一步提高教学效果。

(2)教师应对书本教材内容十分了解并有自己的心得和见解，能够将自己的所学、所知、所悟传授给学生，为教学提供更丰富生动的素材。

(3)在教学中应当鼓励学生自主探究和探索，不断培养和提高学生的参与意识和能力，启发学生思维，提高学生的学习自信心，使其成为一名主动的学习者、求知者。

(二)辩证运用通俗化原则

通俗，即讲课时语言应通俗易懂，学生容易理解、接受和记忆，力求深入浅出、

精炼准确。讲授的方式是直接影响学生知识吸收和内化的关键因素，因此教师的讲授应通俗易懂。此外，在通俗的基础上还要注重准确性，应能够体现一定的学术性、知识性和理论性，不能为了过于追求通俗而使传授的知识内容变得枯燥、普通。在科学语言与口头语言的使用上应该准确把握。

(三)巧妙运用趣味性原则

当代青年大学生个性独立，有较强的好奇心和探索欲，枯燥无味的事物往往难以引起他们的关注。因此，体育教学方法的采用还应当具有趣味性，能够紧密联系教学内容，融入一些奇闻趣事和趣味性问题，并且加以生动形象的动作进行演练示范，以激发学生的兴趣和主动性，自觉动手、动口、动脑，使其主动参与到学习活动中去。

(四)共同投入理性情感原则

共同投入理性情感，即师生在共同运用科学方法的同时，还应投入感情去完善人格，使教学课堂更加具有生机和活力。

1. 在课堂中要有力地激发情感

通过提问、答问等环节，使学生获得自我表现、自我发挥的机会，从而得到满足与成就感，有力地激发学习情感，形成一个高昂、愉悦的学习情绪。教师应通过利用有趣的游戏、问题以及规范优美的动作去激发学生情感并带领学生参与学习，善于挖掘教育素材，用美的思想去启迪学生思维。

2. 在课堂中要细心地培养情感

在满足学生个别心理需求后，应刺激学生产生新的需要，以循环提高学生的学习积极性，保持高昂的学习情绪。例如，可以在教学中巧设悬念，留给学生思考和想象的空间，为学生思考、尝试和探索提供机会。在教学中，教师应做到自己的教学讲授能够对学生情感起到良好的调节作用，做到张弛有度，使学生维持良好的心理状态。

以上四项原则都是教学方法采用时必须要强调的关键和重点，教师应在这些原则的指导下实施教学活动，并根据自己的专业素质、教学条件以及教学特长来审慎选择教学方法，为学生学习创造一个有感情、有活力的学习环境，使体育教学课堂真正实现教书育人的目的。

经过实践研究发现，对教学起到至关重要的教学行为有以下几种。

(1)清晰授课，即教师在讲授课程内容时必须清晰明了。由于某些原因的影响，一些教师讲课并不能做到清晰授课，这具体表现为学生在听完教师讲述内容后，云里雾里、似懂非懂。教师语言的清晰度是影响教学目标和效果实现的一大决定性因素。因此，教师必须要能够与学生进行清晰而直接的交流，应努力提高学生知识理解和吸收的效率，以此传授更多、更有价值的知识内容，保证教学的高效性。

(2)任务导向，是指把多少课堂时间用于教授教学任务规定的学术性学科。教师用于教授特定课题的时间越多，学生的学习机会就越多，学生就会取得更高的成就。与任务相关的问题包括讲课提问用了多少时间，鼓励学生咨询或独立思考用了多少时间，组织教学并使学生做好学习准备用了多少时间，评估学生行为用了多少时间。

①教师在课前设计好问题，问题设计必须深入浅出，避免生僻词使用，应切合学生认知水平。

②教师在课堂导入后明确初始教学目标，例如，教学内容、要求以及教学重点。这有利于较快引导学生融入学习状态，了解学习任务，促进教学过程有序进行。

③做好课前预习工作，教师应提供学生足够的预习材料，并明确预习目标。之后教师应在学生预习的基础上及时检查督促，了解学生对相关知识内容的了解和掌握程度，把握本课的重点、难点问题。最后，针对学生的练习情况展开课堂教学。

④教师在课堂讲授时应使用简洁规范的教学用语，把握节奏，突出教学重点，以确保学生能够在有效的时间内快速理解和内化知识，以提高教学效率。

⑤课程结束后教师必须引导开展课堂学习的回顾总结，帮助学生进一步巩固知识内容。

(3)多样化教学，即多样化、灵活地呈现课程内容。多样化教学可以通过选择不同的学习材料、引用现代教学设备或选择不同展示方法以及教学场地等途径实现。这些都是有效增强教学多样化的方式和方法，有助于提高学生的学习积极性和自觉性。

(4)引导学生投入学习过程，即努力增加学生学习学术性科目的时间。教师应为学生创造和提供更多的机会去学习必要的知识内容。学生实际投入学习材料的时间，称为投入率。要增加学生的投入率，可以从以下几方面做起。

①制定规则满足学生个人学习和探索需要，不必每次经过教学许可。

②注意观察和监督学生课堂练习并与学生交流。

③确保所设的独立练习环节是有趣、有价值的，并确保学生能够在这一环节中独立思考和解决问题。

④充分利用有效的资源，积极开展有效的活动，并确保这些资源和活动切合学生的学习和发展要求。

(5)确保学生成功率，即学生有效完成练习的比率。呈现材料的难度水平由学生的成功率来衡量，即学生理解和准确完成练习比率有高、中、低 3 种难度水平。高成功率，即学生能够有效理解任务，犯错频率少，且错误大多由于马虎、粗心；中成功率，即学生不能完全理解任务，会出现一些实质性错误；低成功率，即学会基本无法理解任务，错误集中而频繁。

实践表明，高成功率的教学更有利于学生树立学习自尊心，激发学习的兴趣和积极性。因此，在教学中教师应合理安排能够产生中、高成功率的教学任务，在此基础上设置适当的具有挑战性的学习任务，以实现有效教学的目标。

二、体育教学常见方法

为了实现有效教学，传授给学生更多、更有价值的知识信息，教师必须要科学、合理选择和采用有效的教学方法。在体育教学设计中，教师通常会采用以下几种教学方法。

（一）横向探究学习

横向探究学习，即在同一平面上学习的广度和思维的宽度。教师传授知识往往是一个知识点或一个技能点，学生接受这些知识点和技能点并在这些“点”的基础上铺开、伸展。每一个知识点和技能点都是学生思维的出发点，思维的活跃在于在“点”的基础上的指向，根据思维的指向，横向探究学习可以分为顺向探究和逆向探究两种。

顺向探究，即学生的思维活动围绕教师提供的“点”展开，对接受的知识点和技能点进行比较性研究。例如，体育活动中有多种运动项目，这些项目含义、功能、作用和风格各不相同，但对人体健康发展都有一定的作用和影响，那么我们会思考这样一系列的问题，“是选择学习篮球，还是有氧健身操”“如何选择学习内容”“怎样快速掌握和学习”，等等。这样的探究是由点到面的探究，它拓展了学生的思维，使学生逐渐走向对事物本质的探讨，以此逐渐对某一事物的认识和理解逐渐加深。

逆向探究，即将自己的思维活动转向，从与知识点相反的方向来探究问题的本质。例如，篮球项目能够促进人体的心肺功能发展，一般学习到此为止，而探究学习策略的运用，将使学生的思维引向深入。如果我们变换思维角度，展开逆向思考，问题的解决将使学生对运动项目的理解进入一个更深的层次。例如，学生会思考这样一系列的问题“只有篮球能够提高心肺功能吗？其他项目具备这种功能吗？”等等。通过这样的探究，学生的学习会指向更深层次的健康体适能范畴。

（二）纵向探究学习

纵向探究学习，即将知识的学习放在历史的大背景下进行，学生的地位沿着知识点进行历史关系上的探讨，以考查知识点所涉及的知识在不同背景下的表现形式，从而对知识点形成正确的理解。例如，我们会由某些知识点和技能点思考这样一系列的问题，如“为什么历史上的体育运动项目多是体能类项目，而现代体育运动的运动项目却形式丰富、繁多”等。这样的探究就是学生思维活跃的表现，也正是通过这样的探究才会使体育学习变得有趣而富有生机，学生对学习的接受和理解能力才会提高。这样的学习与历史、文化等多领域挂钩，在满足本学科学习要求和任务的同时，还大大扩展了学生的知识面，显著培养和提高了学生的思维能力。

（三）纵横交错探究学习

纵横交错研究学习，即是横向探究学习与纵向探究学习的结合运用。综合运用学习有利于学生连接各个知识点已形成一个结构完整、稳定的知识网络，使学生在脑海中形成良好的认知结构，拓展学生的思维广度。具体来说，这种学习方法主要把握以下几点问题。

1.传授方法，让学生于平淡处生疑

在教学时应传授学生一些有效的学习和思维方法，激发学生学习兴趣和探索欲。常用方法有如下几种。

（1）类比生疑法。善于在同类知识之间进行比较研究，探究细微差别，溯其原因，得出结论。

（2）联想生疑法。围绕某一知识点或内容展开多方联想，发现原因，得出结论。

（3）异同对比生疑法。在几类不同的知识、现象和情况之间进行对比研究，发现问题，找出事务本质区别和相关联系。

（4）借果推因生疑法。事物有果必有因，学生针对某一知识、现象和事物询问教师“为什么”或自己探索解答，以加深对知识的理解和内化。

2.援例分析，让学生举一反三

教师更多的只是传授方法、提供工具，不能也不允许完全辅佐学生的实际操作。因此，教师应引导学生将传授的知识和技能有效地运用到实际操作中去。例如，教师解释一个动作技术问题，学生提出一系列问题，如“我们为什么要学习这个动作”“我们怎样避免常见的技术错误”“这个动作与其他动作组合会产生怎样的效果”，等等。这样的援例分析有助于启发学生思考，培养学生对知识的迁移能力。

3.温故知新，让学生巩固掌握

在教师课堂教学中，教师要有重点地针对某一知识点复习强化，使某一学习策略成为学生学习过程中自动化的思维行为。学习策略有很多，在学生了解了一些学习策略后，教师还可以让学生综合运用所学习的策略知识，多角度、多侧面地对体育知识点或难点、疑点进行深层探究，从而达到温故知新，逐步训练掌握各种学习策略的目的。

第三节 教学策略制定的依据与原则

一、教学策略制定的依据

1.从教学目标出发

一切教学策略的制定都是为了完成特定的教学目标。因此,不管什么样的教学目标都必须要选择能够实现这一教学目标的教学策略。

2.依据学习和教学理论

教学策略的制定旨在保证教学成功,是一种用于促进学生学习、提升教学效果的方法。作为方法应遵循学习规律和教学规律。

3.符合学习内容

内容决定方式,教学策略即为完成教学内容的方式。

4.符合学生的特点

学生个体之间学习风格各有不同,在体育教学中采用统一性教学策略必会影响学生发展。因此,应针对学生特点制定和选择符合学生特点的教学策略。

5.考虑教师本身的条件

教学策略本身为教师采用,故而要考虑教师的适用程度和驾驭能力,脱离教师本身考虑的策略可能会使得效果适得其反。

6.考虑客观条件

教学活动受到多方因素影响,因此教学策略的制定应当充分考虑各方面的客观条件,如教学场地、设备、仪器、天气因素等,这样才能应对各种教学情况,使教学活动有序展开。

二、教学策略制定的原则

教学策略的制定必须要有一定的原则指导,应能够为教学策略提供较为具体的科学标准。

(一)学习准备

学习准备,即为了适应一定学习要求,学生必须要掌握一些必备的知识技能,具有一定的学习能力。在此基础上展开教学活动,有利于学生在新的学习中累积经验、获得成功,同时还有助于学生合理安排和分配学习时间和精力。因此,教学策略中应适当包含一些学习准备的内容。

(二)学习动机

学习动机是激励学生学习的一大要素,它能够使学生产生斗志,增加学生学习的行为内驱力。在一定学习动机的激励下,学生会认识到掌握教材的重要性和价值,并尝试通过一定的学习行为满足动机需求。教师可以围绕学生的期望来帮助自己教学活动的展开。对此,教学策略中应强调培养学生的学习动机,为学生挑选有趣的教材和教学活动,设置一些具有挑战性、趣味性的活动和学习内容,并使他们相信自己能够成功。

(三)目标范例

目标范例,即在学生群体中树立典型例子或模范代表,以此起到引导和激励作用,同时也起到辅助教学工作展开的作用。因此,在教学策略中应安排能够向学生展示规范动作的行为实例,可由班级中表现好的学生担当范例,这有利于促进学生的学习积极性,提高教学效果。

(四)内容组织

内容组织,即强调教学内容按照逻辑层次、心理程序进行有序组织,以适应学生的学习需求,使他们能够循序渐进地接受各方知识内容。教学内容呈现,应根据内容的难易度、学生的特点以及学习的类型具体制定。内容组织必须使学生在学习时感觉有意义、有价值,对自己知识巩固和能力发展有一定帮助,不能过难或过易而消磨学生自信心。

(五)适当指导

适当指导,即在学生进行某种学习行为的时候,教师从旁观察其表现并作出适当指导和提示。这种指导或提示应该随着教学的进程逐渐减少,即把注意必要信息和加工处理信息的责任转移给学生,使其最终在没有教师指导或提示的情况下也能完成学习任务。

(六)积极反应

积极反应,即强调学生能够对教学信息作出反应。例如,教师在讲解某些动作技巧时,向学生们提出各种问题,引导学生积极思考,这是教学课堂最常见的刺激反应措施。同时,也可以通过练习、谈论等方式引起学生积极反应。学生在学习时所接受的刺激和作出的反应,应当尽量与重点教学目标的刺激反应相匹配。

(七)重复练习

重复练习,即教师应当为学生提供更多的机会让学生重复表现习得的知识和技能。应组织和敦促学生持续或不定期地练习新学的知识和技能,促进知识记忆和技能前移,同时还要在各种不同情况下应用知识技能,提高应用能力。

(八)知道结果

知道结果,即学生应可以及时了解自己的理解和反应正确与否。并且,为了进一步刺激学生学习情绪,应当让学生知道正确与成功后的好处。在教学策略中,应制定一个较为完善和具体的效果标准,以使学生能够依据此标准观察和判定自己理解和反应的正确性。

(九)个别差异

个体条件千差万别,学生之间在兴趣、接受能力、性格等各个方面都具有明显的差异性,其学习速度和学习方式也因人而异,因此教学活动的展开在保证统一性的同时,应强调个体差异性。对此,制定教学策略时,应从学生的角度出发看问题,尊重学生认知特征、人格特征以及情感特征,突出学生的主体性和个体性。

第四节　教学活动程序

一、教学程序概述

教学程序,即教学内容各部分的排列次序,主要关注"先教什么,后教什么",谈论学习内容的安排问题。根据不同类型的学习目标,教学程序可主要分为以下几种类型。

(一)智力技能的教学程序

智力技能的教学程序,即围绕培养和发展学生智力技能而安排的教学程序。这种教学程序主要以三种教学理论作为指导,即加涅的从简单到复杂的教学程序、布鲁纳的发现法、奥苏伯尔的"先行组织者"理论。

根据加涅的研究说明,智力技能首先从简单的技能开始,之后再逐步过渡到复杂的技能。

根据布鲁纳的研究说明,学习的教学程序是创设问题情境,即学生在情境中产生矛盾,提出要解决的问题;学生利用信息材料对问题解答做出假设;基于理论和相关实践对问题进行检验假设,并得出不同的观点,从而进行相互交流;在争论中逐步统一答案,得出结论。这种发现学习的教学程序是从具体到抽象的教学程序,能够激发和培养学生的智慧潜能和内在动机,逐步认识和掌握发现学习的技巧。

根据奥苏伯尔"先行组织者"的思想,教学程序的起点是呈现一般的、有较大包容性的、最清晰的和最稳定的引导性材料,这种引导性材料就是组织者。由于这些组织者一般是在呈现教学内容本身之前介绍的,目的在于帮助确立有意义学习的方向,因此又被称为先行组织者。

(二)言语信息的教学程序

言语信息的学习目标主要分为以下两种。

(1)一项言语信息与另一项之间几乎不存在学习迁移的联系。例如,记住3654459和2669871这两个不同的电话号码,在教学顺序上,先学什么,后学什么,关系并不大。

(2)有意义的言语信息的学习,按照一定的逻辑顺序安排教学顺序。例如,学习目标是“现代奥林匹克运动的历史背景及发展演进”,即对应的教学程序应按照时间的先后顺序介绍相关历史事件。一般认为,言语信息的教学程序设计,应先提供先行组织者,即简明扼要、高度概括地向学习者提供该节课教学内容的结构;然后用逻辑的顺序,或根据有意义的上下文组织言语信息。这样可促使学习者用其已有的认知结构来组织教材内容,还可以使新知识与原有知识发生有机联系,使新知识的学习更有意义。

(三)运动技能的教学程序

运动技能的教学程序通常分为四个阶段,如图4-1所示。

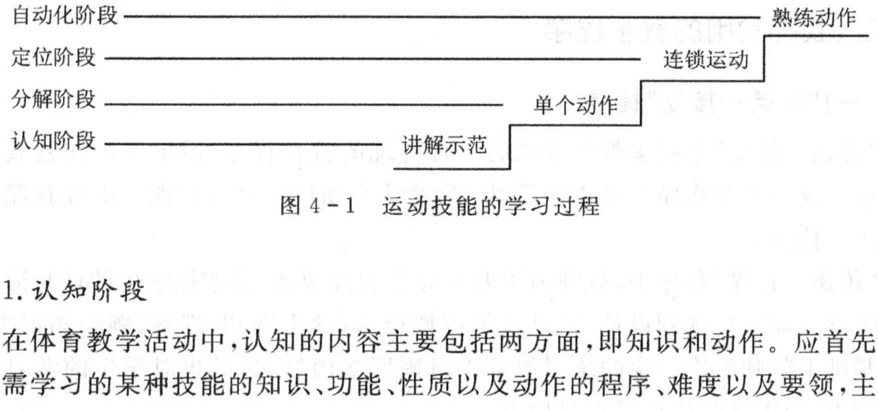

图4-1 运动技能的学习过程

1.认知阶段

在体育教学活动中,认知的内容主要包括两方面,即知识和动作。应首先呈现学生需学习的某种技能的知识、功能、性质以及动作的程序、难度以及要领,主要包括讲解和示范两个环节。

2.分解阶段

将整套完整的动作科学分为若干部分呈现给学生,引导学生逐个学习和掌握。一般来说,分解后的动作样式较为简单,更易于学生了解和掌握。

3.定位阶段

定位阶段在技能学习中至关重要,它是基于分解动作之上将整套动作进行连贯并进行多次练习而巩固下来,形成动作技能定位。这一定位阶段的练习要求的动作准确,整套动作练习下来应该能够形成条件反射式的连锁反应。这一阶段动作的正确衔接、完整连贯程度直接影响了学生的技能动作掌握的成败,学生必须要把握好自身动作与标准动作之间的差距。对此，在这一阶段教师必须要耐心分析学生的每一环节、技术动作的练习情况，运用各种教学方式和手段尽可能缩小学生动作与标准动作的差距，保证动作的规范性和正确性。

4. 自动化阶段

经过定位阶段的一系列练习之后，动作技能学习便进入自动化阶段，即学生能够顺利地将全套动作的各个环节流畅地完成和展现，形成有条不紊的动作体系。在此基础上，学生通过进一步的练习使动作技能深入发展，进入自动化阶段，全套动作一气呵成，得心应手，并具有一定的应变能力，能够不断适应环境条件的变化。

(四)态度的教学程序

关于态度的教学程序，加涅和布里格斯认为，让学习者观察一个他所信赖、尊敬的榜样人物表现出的特定的态度。以后，榜样人物的行为又受到一定的奖励，这较有可能比直接的劝服工作更具效果。这为我们设计体育教材的教学程序提供了三点重要启示：首先，让学生了解并相信榜样的力量；其次，有榜样做出示范行为；最后，显示或介绍榜样人物受到奖励的结果。

二、我国常用的教学程序

(一)“传递—接受”程序

“传递—接受”是我国教育领域的一种传统的教育程序，适用于认知领域的教学目标。这一教学程序的基本过程为：激发学习动机—复习旧课—讲授新课—巩固运用—检查。

“传递—接受”程序中，教师为主要主导者和控制者，其按照学生的认知活动规律对教学活动进行规划设计，通过教师传授行为，学生感知、理解、领会知识内容，在此基础上教师组织一定的练习使学生巩固所学内容，最后再对学生的学习成果进行检查，或引导学生进行自我检查。

一般来说，这种程序的优点和特点在于其能够使学生在单位时间内快速掌握较多的知识，是一种简约、直接的认识过程，在各领域教育实践中采用极多。然而，随着教育教学领域的发展，这种教学程序的弊端也逐渐为人所知，学生在这种教学程序中被动接受教师传授的知识信息，地位被动，主动性、主体性受到压迫，不利于学习效果的提升和学生的持续发展。在许多人看来，这种教学程序无疑是机械的。对此，奥苏伯尔提出不同观点，他认为这种接受学习不一定是机械被动的，关键是教师传授的内容能否与学生原有的认知结构建立实质性的联系，能否激发学生积极主动地从自己原有的知识体系中提取最有关联的旧知识来“固定”新知识。若能达到以上两点，便能充分肯定这种接受学习的价值性。

(二)"引导—发现"程序

"引导—发现"程序是一种围绕问题解决而开展的教学程序,注重学生的独立活动及其思维能力的培养,适用于认知领域的教学。

"引导—发现"主要根据杜威、布鲁纳等提出的问题—假设—推理—验证—结论的过程而提出。

在"问题"阶段,教师提出的问题难易程度适中,应能够引导学生分析、比较、类推、假设和推理,使他们能够从不同角度发现问题,认识各要素之间的练习,并逐步形成较为确切、完整的概念。在"验证"阶段,教师提供一些具体事例供学生辨认,让学生自身形成思维并说明所获知的概念。在"结论"阶段,教师引导学生对学习活动进行回顾总结,使其对学习成果形成满意。

在这一程序中,教师应积极创设一个认知困难供学生探索和思考,应使学生产生去解决困难的欲望,并运用各种思维和方法去实际操作解决难题。随着问题情境的产生,学生应能够对问题提出各种个性方案,即假设并与之论证,得出认识上的结论。这种程序的作用在于能够使学生学会如何去学习,例如发现问题、加工信息、推理假设和得出结论等,有助于培养和提高学生的探究能力。但是,它也有一定的局限性,即要求学生有一定的先行经验储备,比较适合于理科方面的学习。

(三)"示范—模仿"程序

"示范—模仿"教学程序由来已久,是体育教学中经常采用的一种程序,通常用于动作技能的教学。这一教学程序的基本过程为:定向—参与性练习—自主练习—迁移,即定向阶段——认知阶段;参与性练习——分解阶段;自主练习——定位阶段;迁移——自动化阶段。

(四)"情境—陶冶"程序

"情境—陶冶"的教学程序符合洛扎诺夫首创的暗示教学理念,通常用于情感领域的教学目标。这一教学程序的基本过程是:创设情境—参与各类活动—总结转化。

在"创设情境"阶段,教师以语言描述、实物演示等方式为学生营造特定的教学情境,以调动学生积极性,激发学生情感,为教学活动展开创设有利背景;在"参与各类活动"阶段,教师组织学生进行表演、游戏、谈话、唱歌等具体活动,使他们在特定的教学情境下从事各种智力操作;在"总结转化"阶段,教师进行启发总结,并引导学生领悟内容主体的情感基调,使其形成情感与理智的统一,并将这些认识和经验转化为指导思想、行为准则。

第五章　高校体育教学组织设计与实践

体育教学组织形式与教学媒体是影响体育教学效果与质量的两大重要因素，关于如何设计教学组织形式、如何科学选用教学媒体这一问题应该在体育教学设计中得到重点关注。

第一节　高校体育教学组织形式

高校教学组织形式就是教学活动中师生相互作用的活动方式，其主要关注教育者如何将学生组织起来，如何将教师与师生联系起来，如何科学规划教学实践和教学空间，如何充分利用教学资源和条件，如何使师生形成有效的教学活动，并最终实现教学目标。

一、课堂教学组织形式概述

（一）教学组织形式的含义

经过查阅专家和学者关于教学组织形式的研究和讨论，我们可以发现教学组织形式主要具有以下几方面的含义。

(1)在教学活动中，师生双方都必须要服从一定的教学程序，学生主要以独立学习、小组合作和集体上课等形式完成教师设计和制定的学习任务。

(2)师生双方的教与学活动应服从一定的时空限制，并彼此形成搭配关系。

(3)师生以这种程序和“搭配”关系组成的共同活动，直接或间接地相互作用。

(4)在这种相互作用中，教学方法、内容和程序步骤在时空上进行综合。

教学组织形式取决于教学活动，教学组织形式的科学性、正确性直接影响教学质量和教学目标。

（二）几种主要的教学组织形式

1. 班级教学

1)班级教学的基本特点

班级教学也叫集体授课或班级授课。这种教学组织形式主要根据学生的年龄、知识水平将其统一编排，形成具有固定人数的班级，教师根据教学计划统一实施教学，其主要特点为：①以“班”为单位，学生在“班”集体中学习，班级中各学生的年龄以及知识水平大致相同。②以“课时”为单位，课时可为“学年”“学期”“学周”“学日”，也可以是一节课。教师向班集体中学生进行统一授课，有统一的起止时刻。③以“课”为活动单位，在“课”上将教学内容通过有效的教学手段和方法进行衔接、整合，以确保教学的完整性和系统性。

2)班级教学的优势及局限性

(1)班级教学的优势：①一名教师可以面向许多名学生展开教学，有利于满足大多数学生的学习需求，提高了教师个人的教育能量，具有规模效益。②在规定的时间内传授既定的教学内容，有利于教学活动的有序性和科学性，使学生循序渐进地学习和接受知识。③教师综合各方面因素和条件设计和制定“课”，并在教学活动中起到主导作用。④时间统一、班级人数固定，有利于学校和教师统一安排进度和教学内容，促进教学活动的有序进行。⑤师生进行直接交流和互动，有利于加强师生联系，同时也有利于教师快速、及时收集教学反馈信息，以调整教育教学方式和讲授内容，提高教学科学性和实效性。⑥以“班”集体展开的教学互动是一种群体性活动，有利于帮助和培养学生的社交能力、健康人格，建立较高的集体荣誉感和责任心。

(2)班级教学的局限性：①教学针对普遍的大多数学生，将学生看作是具有学习需求和发展需求的同质的组，忽视班中学生个体的特殊性。这种教学组织形式无法实现学生个体的个体需求，无法使每名学生从教学活动中受益，因而只能使部分学生进步，而另外一部分学生可能原地踏步或退步。这也是长久以来教育界争论不休的问题。②重视教师的主导型，忽视学生的主体性和独立性，不利于学生发展。③师生之间处于“传授—接受”的关系，这种接受性的学习不利于学生实际操作能力、创新能力和思维能力以及探索能力的培养。④强调以“课”为单位，会将某完整的教材内容割裂以适应“课”的时间限制和要求。⑤无法有效完成动作技能目标和情感教学目标。

3)班级教学的主要形式

(1)课堂讲演。课堂讲演是我国教育教学多采用的授课形式，其主要包括讲解法和演示法。讲解法，即教师向学生讲述知识概念、原理、事实、现象或推导公式等，这种教学形式适用于常规教学要求。演示法，即教师通过使用实物、教具等进行动作示范，使学生形成对事物现象的感性认识。在体育教学中，讲解法通常与演示法结合使用，有利于帮助学生理解知识动作的概念和原理。

(2)课堂回答。课堂回答，即教师设计提问并引导学生思考，使学生自己得出结论，并获得知识、发展智力。在课堂回答中，教师应注意以下几个问题：①准备充足。②提问要量多、精，具有发散性。③面向全班同学提问，引发学生集体思考，应照顾到各层次发展需求，尤其是不善发言、成绩水平靠后的学生。④问题应难易适中，调动学生积极性。⑤对学生回答问题的情况及时进行反馈。

(3)课堂练习。课堂练习，即学生在课堂中独立完成操作和练习或预习和重温动作。课堂练习必须使学生从练习中受益，掌握动作技能的关键点和规律性。在课堂练习中，教师应注意以下几方面问题：①引导学生了解练习要求和练习目的，并确保学生们能够在有效的理论指导下展开练习。②对学生的练习结果和情况进行及时反馈，做出调整和纠正。③根据实际情况具体调整练习方式。④应循序渐进地展开练习。⑤注意做好练习总结。

2.小组教学

1)小组教学的特点

小组教学，即根据学习任务以及学生个人特点，将一个班分为若干小组展开教学活动。小组教学将班级分为多个小组，但仍旧保留并基于班级形式展开，小组是为具体教学活动而组建的，具有暂时性，并非永久的，可以是一周、一学期或一年。小组主要以学生性格特征、学习情况为依据进行具体编排，以使组内成员之间可以相互帮助，取长补短。小组组内人数不宜过多，这样会削减组员活动的积极性；小组组内人数也不宜过少，这样不利于有效学习的展开。根据学习任务、学习活动和学习兴趣，小组可以是学科小组，也可以是活动小组。

小组教学适应于广泛的教学实践，其中分组谈论是强化课堂教学效果、巩固教学知识的一种常见的教学形式。小组讨论中，教师可向学生提出问题，小组之间各成员之间认真思考、彼此交流、相互启发和学习，针对问题展开探索并得出结论。此外，小组讨论中，组内学生也可以彼此提问和回答问题，教师在其中起到引导和支持作用，作为问题的调节者从大方面把控各组间、组内的讨论节奏，保证讨论问题不偏题，帮助和启发学生思考，使分组讨论充分发挥作用。

2)小组教学的利弊

小组教学有利于学生直接参与学习，能够培养和提高学生的参与意识、思维能力和领导组织能力，同时也有利于加深师生之间的练习，创建健康的师生关系。小组教学的优点是非常显著的，在体育教学中起到很大的影响和作用。但是，不可否认的是小组教学也具有一定弊端，其中主要的问题在于小组教学不利于教学进度和节奏的把控，较难在既定的时间内完成特定的教学目标。

因此，教师应把握好小组教学的利弊性，应能够根据自己的教学目标和学生的学习特点谨慎采用此形式。

一般来说，以下几种情况比较适合进行小组讨论：①一些问题的答案并不仅限于一个。②问题的答案具有唯一性，但是这一答案中包含较难的概念，为了促进学生吸收和理解，需要学生从不同角度进行论证。③当一个概念与学生的认知或常识相悖时，小组讨论有利于学生更好地理解概念。

3)几种常用的小组教学形式

(1)随机分组，将学生随机分为若干小组。

(2)同质分组：以学生的体能、运动技能层次进行小组划分。

(3)异质分组：各组实力相对一致，而组内学生之间的体能和运动技能具有差异性和层次性。

(4)帮教型分组：组织学生直接对其他学生进行学习上的帮助。

(5)友伴型分组：学生自行选择分组练习组员，通常学生会选择与自己关系较为密切的学生形成小组。

4)选择分组形式应注意的事项

(1)选择性。在体育教学中，应根据具体的教学内容、对象和器材条件，选择最科学、适宜的分组练习形式，组织形式应具有变化性，应根据不同的环境和条件进行调整和变化，但也不能为了追求多样性而随意变化分组练习形式。应确保教学形式有利于教学内容与教学组织的有效结合，有利于实现体育教学效果和目标。

(2)灵活性。教学的分组形式应根据实际情况灵活使用和具体调整，以实现最佳的教学效果。根据教学的具体要求，可采用同质分组、帮教型分组，也可以采用异质分组等。

(3)综合性。教学分组中应综合应用多种分组的练习形式，以促进学生发展。

(4)自主性。应强调学生的体验式学习，为学生学习营造愉悦、自由、宽松的活动空间，学生在其中起到指导作用，学生能够自主选择形式，充分参与体育活动，提高学习的主动性和积极性。

3. 个别化教学

1)个别化教学的特点

个别化教学，即为适应学生个体学习需求、能力发展、兴趣培养、认识方式和学习进度而制定的教学方法，并不是指个体独自学习。

教师可以因人而异地给不同学生制定不同的学习要求，并合理组织一对一辅导。这一教学有利于照顾落后于整体学习进度、理解能力差以及有其他特殊需要的学生，在基于全班上课的基础上，兼顾个别学生的学习需求，提高教学质量。其中，教师应根据学生个性、学习特点以及学习准备具体布置学习任务，应确保学生自学和独立钻研，使学生逐渐能够进行独立学习。为了充分发挥个别化教学的影响和作用，教师应当注意以下问题。

(1)学习的步调。应让学生以自己的步调学习同样的任务。

(2)教学目标。教师可以使学生按照同样的目标顺序展开学习活动,也可以具体调整学习目标以适应不同学生的学习需求。

(3)学习活动或材料。学生的学习手段是影响个别化教学效果的重要因素,学生可能会依赖于课本学习,可能会使用课外辅导资料进行学习,也可能喜欢以视听媒体获得知识和技能。

(4)个别辅导。个别辅导常用三种形式,即教师的个别辅导、同伴辅导和模拟一对一情境教学等。

2)个别化教学的优点

学习只有通过学生自身内部的操作,才能使知识信息成为自己的知识结构。体育教学的学习也应转化为每一具体个体的独特方式,这样才能使学习有所收获。

(1)个别化教学适用于不同学生的学习需要,遵循因材施教的教育理念和原则,更有益于学生学习和发展需要。

(2)个别化教学有利于激发学生学习的主体性和积极性,有利于帮助学生树立学习自尊心和自信心,充分把握好每一个学习条件和机会,使学生从学习中受益。

(3)个别化教学有助于训练和培养学生的自主学习、独立钻研和自我教育的意识和能力。

(4)个别化教学中,学生的学习时间与学习空间的灵活性更大,有利于使学生迸发学习热情和积极性,创造更多可能。

3)个别化教学的局限性

(1)若长期坚持在教学中使用个别化教学形式,则会在一定程度上削弱学生与学生之间、教师与学生之间的作用和联系,不利于学生竞争意识、集体意识的培养和增强。

(2)长期坚持个别化教学形式,可能削弱学生的学习兴趣,产生疲劳和厌倦之感。

(3)个别化教学强调学生自主性和独立性,但并不是所有学生都适用于这种形式,一些学生会因为缺乏自觉性而在这种教学形势下成绩和能力越发下滑。

(4)个别化教学“代价昂贵”,需要比其他教学形式花更多的时间、精力、财力和物力。

(5)个别化教学不利于培养和发展学生的交往能力。

(三)学生学习活动的管理策略

开放性的、多样化的体育学习过程和活动中,学生主体性逐渐被重视,使得体育教学的多变性、复杂性逐渐加深,学生之间的差异性也日益显著。对此,体育教学必须要进一步加强对学生学习活动的管理,相应地要求教师应具有一定的学习活动管理能力,同时也应具备一定的教学调控经验。在体育教学中,教师应当注意以下几项体育学习活动中的管理策略。

1.将学习的第一机会和权利还给学生

学生的学习机会和权利的归属是教育领域必须要重视的问题，要打破传统教学弊端，促进学生发展，就必须要将学习的第一机会和权利还给学生。同其他许多学科一样，体育教学中所倡导的加强学习管理，多半是强调教师的统管、操纵作用，学生的学习活动以及一些有关的学习环节都由教师说了算，这无疑是一种具有弊端的管理行为。对此，必须要认清学生拥有学习第一机会和权利的重要性，应当在课堂教学中充分尊重学生的主体性和创造性，在教学管理中设计各种能够让学生主动参与的学习环节，使学生拥有主动学习的机会，这才符合当代教育教学所倡导的教育理念。

2.学生之间的差异是学习活动的推动力

学生之间的差异是指学生之间在生活环境、人格特征、知识能力、认知方式等各个方面的差异，此外也可以表现为在教学活动中所产生的差异，这种差异性在学生群体中是必然存在的。在传统教学中，体育教学同其他学科教学一样，大多忽视、害怕和拒绝这种差异，以至于使教学难以做到真正的教书育人，无法使教学汇集到每个个人，教学质量永远得不到提高。对此，体育学习活动管理中，应认清和了解学生之间的差异性，这是教学工作的必然所在、魅力所在，并善于将这些差异作为有价值的教学资源和推动力。

3.使每个学生都能参与，都有所提高

体育教学多以“班”的形式展开，一个班级的学生人数往往较多，如何以一人之力向更多的学生传授更多的知识，并激发学生的学习主动性，是体育教学和教师应当注意的问题。对此，教师应通过采用各种策略和手段将每名学生引导参与到学习活动中去。例如，在羽毛球教学中，设置“连续来回拍打 30 个球”的任务，设置两人小组进行分组练习并进行考核，教师在其中进行监督巡回，加强指导，使每个人都参与到学习活动中去。

4.利用多种交流形式，有效分享经验

体育教学可以有小组间交流、小组内交流、师生教学等多种交流形式。例如，在太极拳教学中，学生在初级阶段就课前所做的学习准备进行交流，讨论太极拳包含的主要招式，在课间以小组为形式进行交流，并指定小组代表发言或补充发言，教师在其中进行指导发言，与学生形成交流。

在组织学生交流时，教师应当注意以下问题。

(1)部分学生只关注本组汇报，而不倾听他组发言，教师应做好引导和管理，要求学生积极发言、认真倾听，必要时进行抽查。

(2)由于年龄、心理等原因，部分学生在发言、回答问题时总是词不达意、瑟瑟缩缩。对此，教师应当采取诱发追问策略，认真观察和了解学生的性格和学习特征，引导学生逐渐融入小组活动中，主动思考、积极发言。

5. 适时引导，顺应主流，分清层次

在现代体育教学中，学生的学习练习活动实践逐渐拉长，同时学习开放程度也逐渐增强，这也导致体育教学将会面对更多、更复杂的问题。在教学进程中，学生的问题越来越多、越来越细，所提出的观点和想法也愈来愈新奇、特殊，面对这种情况一些教师乱了阵脚。因此，要解决这些学习活动中出现的问题，就必须要适时引导、顺应主流和分清层次。

适时引导，即在确保学生拥有学习和活动机会的基础上，多向学生提出"你是怎么想的""你的解释和观点是什么""对于动作技能的难点你觉得如何解决"等问题。一方面应尽可能了解学生的想法和认识，另一方面抓住时机对学生进行引导，并可以通过讲解示范、设问、启发强调等方式组织学生交流。

顺应主流，学生在练习中会接触到教师在课堂上未传授和解释的知识、现象和问题。应对这种情况，教师应当注意把握教学主流方向，观察和判断学生遇到的主要问题和普遍问题是什么，并进行针对性指导，以顺应主流和及时调整教学进度。

分清层次，即主要指在课堂教学的交流、总结阶段，教师一方面要充分关注学生们自主、探究、合作学习活动中获得的各方面收获和体会，不要造成教师的总结与学生的学习活动和过程经历完全脱节的情况；但另一方面，也需要根据教学时间的条件，先交流总结最重要的教学目标所要求的内容、多数学生的探究收获和问题，然后再展开对相关内容、枝节性的细节问题的交流讨论。

二、体育课堂教学组织形式的实施

体育教学的内容和组织形式密切相关，教学组织形式的采用和实施直接影响体育教学质量和效果。以下以多种运动类型为例对教学组织形式进行实践性讲解。

(一)跑的教学组织形式

跑是人类的基本运动形式，在体育教学中具有较大比重，其主要包括快速跑、耐久跑、跨栏跑、接力跑等多种形式。

1. 快速跑的教学组织形式

在组织该项目的教学时，首先应该知道该项目的特征就是"快"。在此基础上可以变化跑的形式，促进学生广泛参与。下面的组织形式("风车"的制作和游戏)可以在教学中尝试。

(1)学习目标：学习风车的制作和游戏中获得快速跑的体验，感受运动的乐趣。

(2)学习内容：快速跑。

(3)学习对象:体育运动水平能力较低的学生。

(4)学生课前准备:准备风车制作材料。

(5)教学步骤:①动手动脑:根据自己所准备的材料,制作风车。②体验风车的转动:风车制作后,体验风车的转动与风速的关系。③速度体验:手持风车慢跑,体验风车的转动速度;手持风车快速跑,体验风车的转动速度。④修改风车,相互交流经验和感受,再次通过快速跑体验风车的转动速度。⑤传递风车接力比赛。

2. 耐久跑的教学组织形式

耐久跑,即长时间跑,加上变化跑的形式,可以促进学生参与。

(1)教学目标:增强心肺功能,体验成功的喜悦和乐趣。

(2)学习阶段:体育运动能力水平中等的学生。

(3)学习内容:耐久力跑。

(4)教学步骤:组织"大渔网""躲避球"等跑动性游戏,让学生自主练习;分成若干小组,小组讨论跑进路线,构成理想图案;根据设计图案进行跑的练习;展开讨论并进行修改,得出更合理的跑进路线;再次体验,根据再修订的图案进行跑进体验;评价与小结。

3. 跨栏跑(障碍跑)的教学组织形式

跨栏跑即跨越栏杆跑动,在此基础上可以变化跑的形式,激发学生兴趣,促进参与。

(1)学习目标:积极参与活动,提高克服障碍的能力,体验成功的喜悦和乐趣。

(2)学习阶段:体育运动水平能力中等的学生。

(3)学习内容:跨栏跑。

(4)学习步骤:①组织教学欣赏,即为学生们播放 100 米跨栏、110 米跨栏和 400 米跨栏等精彩片段。②组织热身活动,让学生们站成一路纵队,通过跳、钻、滚等方式在行进中穿越障碍。③进行分层教学,由易到难。设置几组难度不同的栏架,学生自主选择相应难度。学生成功跨越栏杆后可向更高难度挑战,跨栏失败可以选择更低难度或继续挑战。进行反复练习,以促进对技术动作的了解,体验成功的喜悦和乐趣。④进行自主学习,让学生对自己和他人的跨栏练习进行观察、讨论,实现边学边练,老师从旁指导。⑤展示自我,让学生在各组间充分展现自我,获得广泛肯定和好评。

(二)投掷运动的教学组织形式

相对于跑的练习来说,投掷运动在体育教学中所占比例较少,但是其对于学生身体素质的影响也是极大的,适当的投掷运动教学有利于促进学生身体健康。投掷教学,可包括掷沙包、掷铅球和掷实心球等活动。

投掷运动主要是上肢用力,在此基础上可以变化形式,激发学生积极性,促进参与。

投掷教学组织形式：

(1)学习目标：了解各种不同的投掷方法，体会投掷的用例过程，使全身肌肉协调用力，同时注意运动安全。

(2)学习阶段：全体学生。

(3)学习内容：投掷实心球。

(4)学习步骤：①组织游戏，在可乐瓶内填充沙子做保龄球，学生分组用实心球滚击保龄球瓶。或者，进行体侧、胯下传递实心球接力比赛。②向学生们讲解投掷方法，教师向学生们介绍和讲解各种实心球的投掷方法，并引导学生进行参与练习。③讨论与探索，学生之间互相交流和讨论投掷感受，共同分析和研究投掷的最佳办法。可以讨论“怎样的用力顺序有利于帮助全身用力”“什么样的投掷方式更适合自己”“怎样投掷才能确保自身安全”等。④自行选择投掷方法，体会最适合自己的投掷方法。⑤进行情景教学，例如“抗洪抢险”。用音响播放营造洪灾氛围，创设“抗洪抢险”的情景，以哑铃、铅球等作为“抗洪物资”要求学生以最快的速度将其传送到“抗洪抢险”第一线。⑥教师进行活动小结，表扬其中表现优越、勇敢的学生，并指出学生中的不足并进行改正。

⑦进行再次演练，以哑铃、铅球、实心球等作为“人民财产”，要求学生以最快速度传送到安全地(器材室)。⑧对活动进行最终小结和评价。

(三)跳跃项目的教学组织形式

跳跃运动是体育教学的一个重要部分，主要包括立定跳远、单足跳、蛙跳和跳远等活动项目。跳跃运动主要是下肢用力，在此基础上可以变化形式，以激发学生积极性，促进参与。

跳跃教学组织形式：

(1)学习目标：掌握跳跃运动的各种技术要领，进行自我锻炼，培养和提高跳跃能力。

(2)学习阶段：全体学生。

(3)学习内容：各种不同的跳跃方法。

(4)学习步骤：①进行热身运动，以同质小组分组形式将学生合理分为若干小组，讨论选择游戏练习，并选择组内一人带操做热身运动。②进行单脚跳练习，用呼啦圈作间隔练习。进行双脚跳练习，用呼啦圈作跳绳练习。进行蛙跳和收腹跳。③单、双脚配合练习。④综合性循环练习。⑤接力比赛。

(四)篮球项目的教学组织形式

篮球是体育教学的一项主要内容，有利于发展学生身体素质。篮球运动主要是四肢协调配合，是一项具有对抗性、集体性和灵活性的有氧运动形式。在此基础上可以变化运动形式，激发学生积极性，促进参与。

篮球教学组织形式：

(1)学习目标：提高协作、配合意识和能力，掌握篮球基础技战术并提高运用能力。

(2)学习阶段：全体学生。

(3)学习内容：篮球运球。

(4)学习步骤：①教师向学生播放篮球比赛的相关影音片段，欣赏和观察其中的传球和运球技巧。②进行篮球游戏，学生呈一纵队，进行头顶与胯下传球接力，或进行一抢三分形游戏。③组织进行直线和曲线的运球比赛。④学生之间分享和交流运球比赛的体会和感受，讨论运球技巧。⑤教师在比赛后进行小结，指出其中的优缺点。⑥教师讲解和示范高运球、低运球、胯下运球、体前变向运球等多种运球技术。⑦两名学生自由组合自由选择运球技术进行练习，相互协作，教师从旁巡回指导。⑧组间轮流展现练习成果，应对自己和他人的成果进行分析和评价。⑨教师进行分析总结。

(五)足球项目的教学组织形式

足球是体育教学的一项主要内容，有利于发展学生身体素质。足球运动主要是下肢协调配合，是一项具有对抗性、集体性和灵活性的有氧运动形式。在此基础上可以变化运动形式，激发学生积极性，促进参与。

足球教学组织形式：

(1)学习目标：提高协作、配合意识和能力，掌握足球基础技战术并提高带球运用能力。

(2)学习阶段：全体学生。

(3)学习内容：足球带球。

(4)学习步骤：①教师向学生播放足球比赛的相关影音片段，欣赏和观察其中的传球或带球技巧；②进行足球游戏，学生呈一纵队，进行S型传球接力，或进行一抢几分形游戏；③组织进行曲线带球比赛；④学生之间分享和交流运球比赛的体会和感受，讨论带球技巧；⑤教师在比赛后进行小结，指出其中的优缺点；⑥教师讲解和示范带球、传球、体前变向拉球等多种运球技术；⑦两名学生自由组合自由选择带球技术进行练习，相互协作，教师从旁巡回指导。⑧组间轮流展示练习成果，应对自己和他人的成果进行分析和评价。⑨教师进行分析总结。

(六)排球项目的教学组织形式

排球是体育教学的一项主要内容，有利于发展学生身体素质。排球运动主要是全身协调配合，是一项具有对抗性、集体性和灵活性的有氧运动形式。在此基础上可以变化运动形式，激发学生积极性，促进参与。

排球教学组织形式：

(1)学习目标：提高协作、配合意识和能力，掌握排球基础的技战术并提高运用能力。

(2)学习阶段：全体学生。

(3)学习内容：排球传球。

(4)学习步骤：

①教师向学生播放排球比赛的相关影音片段，欣赏和观察其中的垫球或传球技巧。

②进行排球游戏，学生呈一纵队，进行垫球接力。

③组织进行垫球比赛。

④学生之间分享和交流垫球比赛的体会和感受，讨论垫球技巧。

⑤教师在比赛后进行小结，指出其中的优缺点。

⑥教师讲解和示范垫球、传球等多种排球技术。

⑦两名学生自由组合自由选择排球技术进行练习，相互协作，教师从旁巡回指导。

⑧组间轮流展示练习成果，应对自己和他人的成果进行分析和评价。

⑨教师进行分析总结。

第二节　高校体育教学媒体

一、教学媒体概述

(一)教学媒体的概念

1.媒体

媒体，即信息的载体或传输信息的媒介，其源于拉丁语“medium”，意指“两者之间”。媒体本身特性在于其能够携带信息、传递信息。现在媒体一词已成为各种教育、通信和宣传工具的总称。

2.教学媒体

教学媒体，即在知识和技能传播中呈现信息的手段或工具。狭义上的教学媒体一般是教科书、黑板等传统教学工具以及投影仪、电子计算机和录像等现代化教学工具。广义上的教学媒体除了包含狭义的内容外，还包括围绕教学工作展开的讲授、实验、讨论和参观等内容。

(二)教学媒体在教学中的作用

教学实践少不了必要的教学媒体,教学只有在教学媒体的作用下才能进行信息的交流和传递,才能展开一系列的教学活动。一般认为,课程、教师和学生是构成一个完整的教学系统的三大主要构成要素,而随着现代教育传播活动中教学媒体作用的日益凸显,教学媒体也逐渐成了构成这一教学系统的一大要素。

教学媒体与课程、教师和学生之间相互联系、互相作用,共同构成一个完整的具有一定教学结构且起到一定教学功能的整体。教育传播活动,即为实现一定教学目标而展开的具有一定教学效果的信息传播过程。其中,教师和学生分别为信息源、信息终端,教学内容即要传播的教学信息,媒体即为前三者的中介。教师利用媒体将教学信息传递给学生,学生通过媒体接受知识信息,媒体在这一系统中起到重要作用。在教育教学中,教学媒体主要起到以下几方面的作用。

1.从教学内容看,教学媒体影响教学内容及其表现形式

教学内容依托教学进行传播,不同的教学媒体承载不同的信息。例如,书本上的知识信息主要用文字和图片来显现;电脑利用多种媒体功能传递大容量信息;实物、模型本身无文字、图形等表述,但本身凝结着并直观传递着重要的教育信息。随着现代教育技术的发展以及教学媒体的日趋现代化,教学媒体的信息承载功能也日渐强大。此外,信息技术本身也成为教育教学的一个重要内容,成了学生们要学习的一门课程,这也为学生有效利用教学媒体创造了更好的条件和优势,使他们能够更多、更好地获得知识信息,逐渐影响和改变着教学内容。由此,我们可以看出教学媒体影响着教学内容。

教学内容的形式,主要关注如何将教学内容有效地呈现给师生。研究发现,一些学生喜爱通过视觉去认识和积累知识信息;一些学生则主要通过听觉来认识和积累知识信息。对此,为应对不同学生的认知特点,教育教学应当能够充分调动学生的各种感觉器官,让他们充分学习、享受学习,这样才能实现最佳学习效果。教科书是现代教育教学知识信息承载和传播的一个主要载体,是学生们获取知识的主要来源。教科书凝聚各种各样的知识信息,使其专门化、有序化和系统化,其中的文字、图片、表格等对学生的学习活动产生重要影响。我国在注重教科书的文字表述的同时巧妙使用插图、表格等元素,使教科书更加具有可读性。同时,在教学中更加善于运用网络、录音机、影音等多媒体,以丰富教学内容的表现形式。因此,教学媒体的发展对教学内容的表现形式产生了重要影响。

2.从教师本身来看,教学媒体影响教师的角色定位

传统的教学活动中,教师在教学过程中拥有绝对权威。而随着教学媒体的不断丰富,教师的角色定位逐渐发生改变。在教学媒体的影响下学生们获取知识的

途径日益增加，教师的教授不再是他们获取知识的唯一途径，因此教师在教育上的独特性、唯一性日渐淡化，教师的权威定位也受到了较大影响。学生们通过教学媒体自主选择、利用教学资源，并自行处理、记忆和吸收知识信息，在这一过程中教师的作用不再如往日一般具有绝对重要性，其角色也逐渐由原来的知识权威转变为帮助学生学习的指导者、开发者、示范者、设计者，以及教育的研究者。

3.从学生本身来看，教学媒体影响学生的学习兴趣、学习效果

学生是教学的主体，教学媒体的使用同样会对学生本身起到重要影响。研究认为，学生对知识的接受不应该是一个被动的过程，而应该是一个主动认知、构建信息系统的过程。学生根据自己的认知方式、知识背景自主选择、处理外部信息，并获得知识的意义。因此，教学设计应当注意以教学媒体的使用形成信息刺激，使学生主动构成知识意义。教学媒体对学生的学习行为主要产生以下几方面影响。

1)创设情境，激发学生的学习兴趣

教学媒体可以为学生学习创设情境，让学生在认识知识有身临其境之感。教学中使用的教学媒体是基于学生的需求而设计，更加符合学生的心理发展特点以及知识储备基础，更能够激发学生的学习兴趣和热情。例如，在健美操课堂教学中，教师播放一些健美操优美的动作图片，让学生获得对健美操直接的感受，有利于激发学生的学习兴趣。

2)提供示范，培养学生的技能

教学媒体中可容纳大量的知识信息，教师可以运用教学媒体为学生们的知识技能学习提高示范。例如，在篮球教学中播放篮球赛事，让学生们注意查看球员的运球技术特点，并组织学生进行模仿，培养技能。

3)提供资源，促成基于资源的学习

教学媒体能够为学生提供丰富的知识信息，使学生借助各种学习资源进行学习。这里所说的资源，即所有有助于有效学习的因素，如信息、教材、设备、技术、人员以及环境等。在基于资源的学习环境中，学习资源成为学习过程的中心环节，学生是学习活动的中心，学习资源是学生的认知工具，是学生用来获取知识，进行信息交流与传递、数据处理及表达思想的学习手段。教学媒体的发展特别是网络技术的发展，使得学习资源的广泛交流与共享成为可能，从而促成基于资源的学习。

4)提高学生的学习效率

教学媒体符合现代教育教学的特点和要求，适用于当代学生的发展需求，也更能够考虑教学的需要，经过精心设计和编排的教学媒体，对学生的学习大有裨益。教学媒体能够激活视、听、触等多种感官因素，有利于帮助学生更好地感受、认识和记忆知识信息，更快地理解和接受教育内容，也有利于提高学生的学习效率。

5)构建个别化学习环境

一般的教学形式就是班级授课,即老师面向全体学生统一授课,这种授课方式在教育教学中最为常见。在重视一般化、统一性授课的同时,一对一的个别化教学也应予以关注。而由于教师资源、教育时间有限,对每个学生进行个别化教学显然是不现实的,而教学媒体则可以弥补这一缺憾。当教学媒体设计为个别化学习材料时,只要学习者掌握教学媒体的使用方法,学生可以随时随地进行学习。

(三)教学媒体的类型

如今教学媒体的种类逐渐丰富,为了有效利用不同的教学媒体,充分发挥各种教学媒体的作用和功能,我们必要对其进行深入了解,从多个方面进行分类并加以认识。

1. 以是否印刷作为标准,主要分为印刷媒体和非印刷媒体

印刷媒体,即教科书、辅导书、词典等印刷文字资料;非印刷媒体,即影音视频、实物、模拟等非印刷资料。

2. 根据信息传播的相互性,主要分为单向教学媒体和双向教学媒体

(1)单向教学媒体,即教科书、电视、无线电广播等接受者无法在接受其信息后作出反馈或后续输出的媒体。

(2)双向教学媒体,即个别辅导、课堂讨论等接受者在接受其信息源后可以作出及时反馈或后续输出的媒体。此外,计算机教学、学生自助教学程序等也属于双向教学媒体。

3. 根据媒体作用的感官和信息流向,主要分为视觉媒体、听觉媒体、视听媒体、交互媒体

(1)视觉媒体,即其媒体发出的信息主要作用于人的视觉器官。视觉媒体包括投影视觉媒体、非投影视觉媒体等两大内容,前者主要有幻灯片、投影等,后者主要有教科书、教学板书等。

(2)听觉媒体,即其媒体发出的信息主要作用于人的听觉器官,如录音、广播、CD等。

(3)视听媒体,即其媒体发出的信息主要作用于人的视、听器官,如录像、电视等。

(4)交互多媒体,即其媒体发出的信息主要作用于人的多种感官且具有人机交互作用的媒体,如多媒体计算机等。

4. 传统教学媒体和现代教学媒体

(1)传统教学媒体,即教科书、模型、仪器、板书等。

(2)现代教学媒体,即利用电光、电声、电控等现代技术为特征的教学媒体,又称电化教学媒体。现代教学媒体由硬件、软件构成,硬件包括投影仪、DVD 等,软件包括计算机课件、投影片、幻灯片等。

5.根据媒体传递的信息特征不同,主要将媒体分为真实信息媒体、模拟信息媒体和符号信息媒体

(1)真实信息媒体,即其媒体传递事物的全部实际特征,如实验、标本等。

(2)模拟信息媒体,即其媒体可传递经过加工和概括的信息,如图片、计算机模拟等。

(3)符号信息媒体,即文字符号等,其媒体传递客观事物的概括反映,是抽象层次上描述、分析、论证事物的性质、存在及状态。

(四)教学媒体的特性

媒体对于人的感官刺激是不同的,因而具有不同特性,但是它们也具有共同的特性。

1.教学媒体的共同特性

(1)固定性。教学媒体记录信息、存储信息,人们在需要时可以调取使用。例如,印刷媒体以文字符号的形式将知识信息固定在书本上,电子媒体以声、光、磁信号的形式将知识信息固定在磁带、胶片上。让知识信息以特定形式得以存续,即为教学媒体的固定性。

(2)重复性。不管是教科书、词典、录像带、计算机课件,只要保存得当,其教学媒体就可以反复使用,其中信息的质量也是固定不变的。此外,这些媒体还可以复制使用,以在随时随地调取使用。媒体的这种重复性使学生可以温习课本、查找知识,更加有利于学生获取知识、理解知识、记忆知识和思考探索,充分发挥了教学媒体的功能作用。

(3)组合性。不同的教学媒体也可以进行组合使用。这种组合可以是在某一教学活动中,几种媒体适当编制、轮流使用或同时呈现各自的信息,也可以把各种媒体的功能结合起来组成多媒体系统。组合性还指一种媒体包含的信息可以借助另一种媒体来传递,如图片、模型、实验可以通过录像、实物投影仪等呈现在屏幕上。

(4)扩散性。教学媒体可以将不同的知识信息传送到一定的范围,使信息得到传播和扩散,因而具有扩散性。

(5)工具性。教学媒体始终是教学中的一种工具、手段,在教学活动中处于从属地位,其设计、制作和使用都要受到人的控制。教学媒体在教学活动中作用突出,但是它也只是对教师的部分教学工作起到扩展和替代作用,无法完全替代教师本身。

2. 教学媒体的个别性特征

不同的教学媒体具有不同的特性，主要通过以下几个方面进行认识。

(1)表现力，即该媒体在表现事物时空、运动特征的能力。例如，影音视频以活动的图像表现事物变化过程，用真实形态呈现事物的运动方式和相对关系等；计算机能够模拟人体微观结构、微观活动。在体育教学中，对于体育运动中需要使用大型仪器设备的情况，则可以借助缩小的模型、图片等来展示。

(2)重现力，即该媒体不受时空限制，将存储的信息内容进行重现的能力。例如无线电广播受同时性限制，而录像机、计算机则可以随时、反复使用。

(3)接触面，即该媒体传递的信息范围大小。例如，板书接触面有限，仅限于教室，计算机接触面则要更大更广。

(4)参与性，即该媒体运作时学生的参与方式与机会。例如：模拟实验能够为学生提供动手操作机会，电影以其强大的感染力激发学生积极性，主动参与。

(5)受控性，即该媒体对接受使用者操纵的难易程度。例如：计算机多媒体信息应经过一定的训练时间才能有效操作，而录音机的操作更加简单，容易控制。

此外，选用教学媒体时，还要考虑媒体的成本、易获取性、交互性等。

二、体育教学媒体的选择与使用

(一)体育教学媒体的选择

教学媒体的选择受到多方面因素的影响和限制，主要表现为以下几个方面。

1. 教学目标

教学媒体的使用是为了辅助教学任务的实现，达成教学目标。因而，教学媒体的使用服务于具体的教学任务和教学目标，不同的教学任务和目标对教学媒体的选择要求不同。一般来说，若教学目标是一些认知类知识教学，则可以采用教科书、图片等开展教学活动；若教学目标是一些技能练习，则可以采用教师示范、影音视频等示范教学，组织练习。例如：在进行羽毛球发球示范时，组织学生观看一些影音视频，进行观摩学习并组织练习，教师从旁进行指导并指出优缺点，使学生逐渐形成对技术动作的正确认知，逐渐掌握技能，这样有利于教学目标的实现。

2. 教师因素

无论是哪一种教学活动，教师的作用是不容忽视的，其教育管理能力、专业素养对教学效果起到重要影响。同样，教师本身也是影响教学媒体选择和使用的关键要素。教师对教学媒体的熟练使用程度直接影响教学媒体的选择和使用效果。例如：体育课通常是在户外进行，因此无法使用计算机辅助教学，这时可以通过讲解动作、图片演示等进行教学。

3.学生因素

教学媒体的选择是为教与学服务,因而必须要充分考虑学生的特点,包括年龄、知识储备、学习态度等。例如:在武术课堂教学中,若教学处于起步阶段,应当选择直观性较强的教学媒体展开教学活动,如模型、图片动画等帮助学生了解和认识抽象的武术名称。当知识逐渐累积后,可以增加印刷媒体帮助学生进行练习。此外,教学选择媒体时还应当注意学生人数以及教学规模大小。

4.物质因素

物质因素,即教学媒体制作中所需的硬件设施和资源。一些学校对体育教学重视程度不够,因而教学器材和场地严重不足,一些经济落后地区也会存在这一不足。物质因素的限制也会直接影响和限制教学媒体的使用。若硬件设施和资源完备,则教师选择教学媒体的空间更大。

(二)体育教学媒体的选择原则

选择和使用教学媒体时,应遵循以下几大原则。

1.目标性原则

目标性原则,即该媒体的使用目的应符合最终的教学目标,能够促成目标的达成,对教学效果的提高有显著作用。应根据其对教学目标完成所具有的价值和潜力来具体选择教学媒体。

2.科学性原则

科学性原则,即该媒体传达的内容正确、严谨。在健美操教学中,若播放健美操动作的影音片段,则应选择能够反映健美操各种技术动作客观面目的片段,不能追求表现效果,而随意选择信息内容,导致学生对健美操动作形成误解。

3.实用性原则

实用性原则,即教学媒体根据师生、物质因素等实际情况和条件具体选择。教师应当充分了解和十分熟悉教学媒体的系列操作,切忌华而不实。例如:山羊分腿跳教学中,教师通过动作示范或动作图片呈现出项目的全貌或过程,使学生对山羊分腿跳不再难懂。如果传统媒体不能够有效地突破教学难点,引不起学生的兴趣,收不到较为理想的教学效果,则可以设计或选用相应的现代教学媒体。

4.教学最优化原则

教学最优化原则,即将教学媒体的选用放在整体教学设计的大格局中去,综合考虑教学中的各项因素,并与其他因素充分协调,且其功效服务于整体教学设计,能够充分提升教学效果。教学媒体没有最好的,只有最合适的,我们讨论的不是哪一种教学媒体最优秀,而是哪一个教学媒体运用到哪一种教学问题中发挥的作用最强烈。为了实现最优教学效果，教师应当综合考虑各方面因素后具体选择教学媒体，使其充分发挥作用和功能。例如：在篮球的战术配合教学中，利用多媒体制作软件将篮球战术配合的过程并以动画形式表现出来，使学生形成对战术配合的直观认识，充分了解战术配合中的动态变化过程，有效地突破教学难点，顺利实现教学目标。

5. 把握好“质”和“量”原则

教学媒体的选择应当充分保证其质与量。教学媒体的选用，除了要保证在具体形式与实际内容的协调配合外，还应当严格遵循教学主题，以达成能够使学生快速掌握和习得知识的目标，此为质的要求。不同的教学媒体具有不同的功能和效用，但其始终只是教学流程的一个部分和小系统，并不能取代教学本身，因而在教学媒体的选用上也必须要控制好量，一般认为控制在 3 个左右最合理。例如，在篮球教学中，教师通过视频播放、动作示范、书本教学等三种不同的媒体来开展教学，促进学生的更好吸收和理解。

（三）体育教学媒体的运用

合适的教学媒体必须得到合理的运用才能发挥最佳效用，因此必须要科学使用教学媒体。教学媒体的使用根据不同的媒体场景，可以主要分为两大类，即学校课堂教学和远距离教学。远距离教学主要包括远距离课程教学和广播电视教学等。由于体育教学的本身特性，在这里我们主要讨论体育课堂教学的运用。

在体育课堂教学中，教学媒体的运用通常遵循以下程序。

1. 准备

准备工作，即包括学生准备、教学媒体的教案准备以及教学环境准备等。其中，学生准备主要是指学生对于媒体的运用应有一定的准备和接受能力，如在进行篮球课堂教学时，学生预习相关内容、明确注意事项等。环境准备，即媒体运用的场所及相关设备，如在篮球课堂教学时，在室内播放投影仪时确认电源是否正常，遮光是否到位等。教案准备，即对运用教学媒体的时间、目标、过程及相关解说进行预期准备。

2. 预演

在正式上课之前，教师应事先演示一下整个教学过程。通过预演，教师能够进一步熟悉教案、媒体表达的信息及媒体的使用特点，把握演示需要花费的时间，对演示过程中学生可能提出的疑问做出估计等。在预演中还应检查媒体材料的准备情况、教室环境等。

3. 课堂呈示

课堂呈示是具体使用教学媒体的过程。教师在课堂上呈示教学媒体时，应该注意以下3个方面的情况。

(1)控制学生的注意力。教师要针对不同媒体的特性,充分利用自己的语言、表情、动作来辅助教学媒体表达信息,以吸引学生的注意力。

(2)突出媒体的呈示效果。使用录音、录像、计算机等媒体呈示信息时,教师应根据学生的反应,通过重放、慢放、定格等控制手段,来让学生仔细辨别或观察,以突出媒体的呈示效果。

(3)引导学生做出反应。媒体的呈示效果从学生的反应中得以体现,所以,应当引导学生主动地对媒体的信息做出反应。对于交互功能强的媒体,设计、使用时应该充分利用其交互功能。

4.反馈改进

课堂呈示完毕,教师可以根据各方面的反馈,对教学媒体进一步改进完善。

第六章 高校体育微课教学设计与实践

第一节 微课的界定

一、微课

微课是一种以传播音频、视频信息为主的线上教学形式。随着信息技术的不断发展，互联网逐渐成为人们日常生活中的重要组成部分，人们的生活方式、学习方式、工作方式也相应地进行了调整。在互联网的影响下，一种新的教学方式——微课应运而生。微课作为一种线上教学形式，能够极大满足学生的自主学习需求，并且学生长期坚持通过微课进行学习有利于培养自身终身学习的习惯。在互联网时代，学生对网络信息的接受能力较强，他们可以通过网络平台浏览丰富的内容，学习到书本上没有的知识，而微课融合网络平台的信息和书本中的知识，不仅有利于加深学生对知识的理解，还能够拓展学生的知识面，使学生的学习形式更加多元化，最大程度地满足学生的学习需求。微课属于一种微型学习形式，奥地利因斯布鲁克大学 Theo Hug 博士认为微型学习是一种处理比较小的学习单位并且聚焦时间较短的学习活动，这种观念为移动端微型课程教学的产生提供了理论基础。从目前来看，微课主要有容量小、知识量大、表现形式丰富、传播快等特征，它不仅能够适应现阶段人们的快节奏生活，还能够改变人们的学习方式，最大程度地满足人们的学习需求，在人们学习生活中的作用越来越明显。

二、微课教学

微课教学是教师通过微课平台来表现教学内容，从而开展教学活动的教学方式。对于教师而言，在设计微课教学视频的过程中应当考虑到课程的安排、课程的设计思路、学生的接受能力等因素。教师在设计微课教学的教学内容时，不一定要完全按照固有的知识体系来设计教学内容，也可以通过零散知识的组合来设计教学内容，从而使学生能够感受到微课教学与传统课堂教学之间的差异。值得注意的是，微课教学并不是简单地还原课堂教学，而是对某一部分的重点知识、难点知识进行重点讲解，使学生能够回顾所学知识，解决学习过程中存在的问题。相比于传统课堂教学，微课教学内容更为精练，针对性更强，教师能够针对教学过程中存在的重点知识和难点知识进行讲解。与此同时，微课教学的表现形式也更加丰富，教师在设计微课教学内容时能够根据学科的性质做出不同的调整，以便于满足学生的学习需求。

三、微课教学设计

微课教学设计指的是教师根据学科性质、教学风格、学生需求等设计微课教学内容的过程。在微课教学设计中，教师应先考虑三个基本要求，即知识与能力要求、过程与方法要求、情感态度与价值观要求，然后根据这三个方面的要求对微课教学中的视频内容进行设计与制作，从而使学生更好地明确学习内容，提高自身对知识的理解与运用能力。与此同时，我们也可以将这种教学设计方法运用于传统的课堂教学设计过程之中，引导学生利用视频资料来巩固自身的知识。这样，不仅能够改善传统课堂教学的教学氛围，还能够提高学生的学习积极性，使其积极主动地参与到教学过程之中。微课具有内容精练、容量小、时间短的特点，因此学生主要通过移动终端来观看微课视频，他们不仅可以通过接入网络在线观看微课视频，也可以下载微课视频离线观看。随着4G网络的普及和5G网络的发展，人们基本上可以随时随地观看微课视频，这样不仅有助于人们充分利用自身时间来进行学习，还有助于培养人们终身学习的观念。微课教学视频不仅仅有助于提高学生的学习能力，还有助于提高教育工作者的教学能力，例如教育工作者可以通过观看微课教学视频来改善自身在教学过程中存在的不足并借鉴其他优秀教师的教学经验，并将这些优秀经验运用于具体的教学过程之中。

第二节　高校体育微课教学的设计构建

一、高校体育微课教学设计目标

高校体育微课教学的设计与其他课程微课教学的设计有相同之处也有不同之处。其中，相同之处具体表现为高校体育微课教学和其他课程微课教学的教学过程基本保持一致，即先确定教学纲领，再制定教学规划并实施，最后进行教学反思；不同之处具体表现为高校体育微课教学重在具体动作的指导，而其他课程微课教学重在理论知识的讲解。当学生在观看高校体育微课教学视频时，他们可以通过回看和循环的方式来不断重复动作教学，从而满足自身的学习需求。

在设计高校体育微课教学内容的过程中，教师应按照以下目标来进行教学设计：其一，在微课教学中表现传统体育课程的常规内容。大多数情况下，微课教学的内容都是传统课程教学过程中的难点内容和重点内容，但高校体育课程较为特殊，每一个基础动作都关系到下一个动作的开展。其二，教师应充分考虑自身实际情况来设计教学内容。通常其他学科教师在设计微课教学内容时会参考其他学校教师的教学内容；体育教学则不同，教师的教学能力、学生的身体素质水平、学校的教学环境等因素都会影响教学活动的开展，因此体育教师必须要充分考虑自身情况来设计教学内容。其三，教师应以学生需求为主来设计教学内容。学生对体育运动的兴趣会直接影响体育教学活动的开展，因此体育教师必须要重视学生的需求，从而通过微课教学调动学生的学习积极性，提高体育教学的教学效率。在高校体育微课设计之前，教师应先明确高校体育学科的科目定位，然后调查和研究学校的体育设施情况和体育课程设计要求。如果高校体育微课的内容与学校的实际情况不匹配，微课将无法运用于具体的教学实践过程之中，那么微课的教学设计也毫无意义。除此之外，教师还要重视培养学生对体育运动的兴趣，使学生能够通过观看高质量的高校体育微课视频意识到体育运动的重要性，从而加强自身的体育运动锻炼，进一步形成终身体育的观念。

在制作高校体育微课视频的过程中，教师要选择最符合时代要求和学生需求的内容。一方面，教师要深入学生内部，了解当代大学生对体育运动的重视程度和他们对高校体育课程的需求，从而保证高校体育微课的内容能够最大限度地吸引学生的注意力。另一方面，教师要保证高校体育微课的质量，不能盲目迎合学生的需求，要建立系统的高校体育微课教学体系，使学生能够循序渐进地进行高校体育微课的学习。另外，高校体育教师应当实时地更新微课视频的内容，使高校体育微课视频能够与时俱进，与学生的身心发展变化保持同步，从而更好地作用于体育教学活动。

二、高校体育微课教学的内容

（一）高校体育微课教学内容分类

高校体育课程是一项以体育运动实践为主的课程，而学生主要通过教师的示范来学习相应的体育动作，这就意味着体育教师必须要保证自身体育动作的专业，从而使学生也能够学到专业的动作。但是，对于大多数高校体育教师而言，要掌握所有的体育技能和知识具有一定的难度，因此在传统课堂教学的情况下，学生最多只能学习本校体育教师所掌握的体育技能和知识。随着微课的兴起，学生能够通过微课平台学到更多的体育技能和知识，并且没有课程时间和课程地点的限制，极大地满足了学生学习体育课程的需求。对于高校体育教师而言，在选择高校体育微课视频内容应注意以下七个方面，分别是微课学习目标、微课的主要内容、学习内容的分析、学习者的分析、选择教学策略、选择设计的方法、评价反馈设计，如图6－1所示。

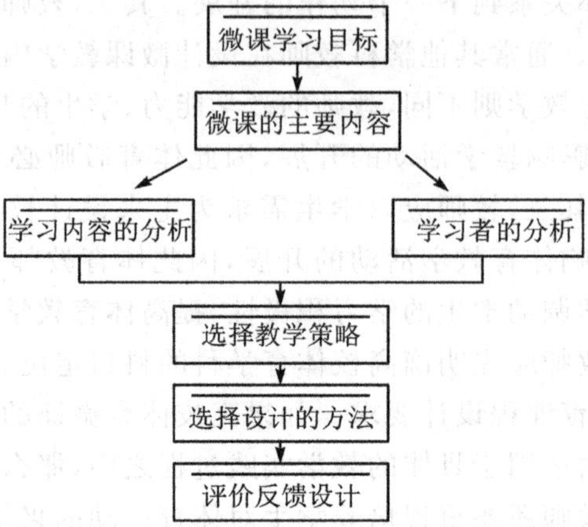

图 6-1　高校体育微课设计流程

其中,微课学习目标指的是教师在高校体育微课教学中要实现的目标。在微课学习目标的制定过程中,教师首先要明确高校体育教学过程中的重点、难点和学生对高校体育教学的需求,因此教师必须要加强与学生之间的沟通,了解学生对体育运动的要求,明确高校体育微课教学的设计方向。

微课的主要内容指的是教师在设计高校体育微课过程中所选择的内容。

学习内容的分析指的是教师通过对传统体育教学的研究来明确高校体育微课教学重点和难点的过程。高校体育微课的内容是对传统体育教学中某一内容的具体化。虽然微课中的各个内容都是独立的,但这些内容之间具有密切的联系。

学习者的分析指的是教师在设计高校体育微课的过程中对学生情况的分析,其中包括学生的身体素质水平、学生对体育技能与知识的掌握程度等。

选择教学策略指的是教师在设计高校体育微课的过程中根据综合考虑自身的教学能力、学生的学习能力、学校的体育设施等因素所做出的教学策略方面的选择。这样做能够极大地满足学生的学习需求,并相应地提高教师的教学效率。

选择设计的方式指的是教师在设计高校体育微课的过程中根据自身的教学能力和学生的接受能力所做的选择。

评价反馈设计指的是在开展高校体育微课教学之后,教师对于教学目标的实现情况所做的设计。学生可以在观看高校体育微课视频之后表达自身的观点,使教师能够明确自身在教学方面的不足,并促使教师对高校体育微课教学内容进行调整,从而更好地进行下一步的教学工作。

(二)微视频内容选择

教师在选择高校体育教学微课视频内容的过程中应遵守三点要求:其一,在高校体育教学知识的基础上选择学生最喜闻乐见的内容，并对这些内容进行整合；其二，教师根据学生的意见对所选择的内容进行筛选；其三，对筛选后的内容再进行挑选，以确保能够用于正式的教学活动。从中我们可以看出，高校体育微课教学中的内容并不是教师随意选择的，而是经历了层层的挑选，因此高校体育微课教学的内容通常具有较高的质量和较丰富的内容。

(三)微课按照课堂教学环节分类

一般认为，同一个微课视频只能划入一种类型之中，但实际上某些特殊的微课视频可以同时属于多种类型。因为微课视频的分类并不仅仅是根据学科的属性来进行分类，还可以根据学科的重要性、难易程度等其他标准来进行分类。随着互联网内容的丰富多样化，微课的学科类型也变得更加丰富，因此我们应该以全新的视角来看待微课的分类。本文将微课分为四种类型，分别是课前复习类、课中讨论类、课后巩固类和知识理解类，如表 6－1 所示。

表 6－1　微课的分类

微课类型	适用范围
课前复习类	学生自学
课中讨论类	教师指导，学生自查
课后巩固类	教师指导，学生自查
知识理解类	学生自学

在课前复习类微课中，学生通过观看视频内容来明确主要的学习内容、主要的搜集资料以及主要关注的问题。

在课中讨论类微课中，教师通过视频教学对学生进行指导，学生通过观看视频内容进行思考并提出自己的疑惑，然后在评论区进行讨论。

在课后巩固类微课中，教师通过视频教学对重点技术动作问题进行深层次的讲解，学生通过观看视频内容巩固自身知识体系。

在知识理解类微课中，学生通过观看视频内容解决自身的疑惑，从而有针对性地进行动作与技能练习，进一步加深自身对动作与技能的理解。

三、学生学情的分析

(一)学生接收能力分析

在传统高校体育教学过程中，大多数教师过于注重教学任务的完成情况，因此他们将大量的体育知识和技能集中在某一节课中进行讲解。如果学生本身接收能力较强并且具备一定体育知识和技能，那么他就能较好地接收教师传授的知识；如果学生本身接收能力较差并且掌握的体育知识和技能较少，那么他将难以接收教师传授的知识。

(二)个人差别剖析

受社会、家庭、学校等多方面因素的影响，每个学生的学习能力都有所差异，不同的学生对自身学习的要求也不同。因此，为了更好地满足学生在学习方面的需求，教师应当根据不同学生的学习能力来设计微课教学内容，有针对性地提高学生某些方面的能力。

四、体育微课教学方法

微课主要针对传统课程教学过程中的某一重点、难点进行具体化教学。因此，体育微课教学方法指的是教师在微课教学过程中集中精力对体育课程中的某一动作或技能进行教学。在微课教学过程中，教师可以通过音频、视频的形式来向学生展示教学内容，整个教学过程持续 5～10 分钟，教学内容精练且细致。虽然微课与网络教学都是线上教学形式，但是微课具有交互能力强、应用广泛、内容细致等多种优势，因此它广受好评，并成为目前最流行的线上教学形式之一。在体育微课教学过程中，教师通过视频教学的方式展现某一重要动作和技能，使学生可以充分利用零散时间来学习这一重要动作和技能。进而，开展体育微课教学的目的更多地表现为提高学生对体育运动的熟练程度。

同时，开展微课教学的目的还在于提高学生自身的学习能力，因此学生的需求也是推动微课教学活动的主要动力。在设计微课教学内容之前，教师应当做好学生学情的分析与研究工作，并充分考虑自身的教学能力、学生的接受能力等因素。除此之外，选择合适微课拍摄设备也是影响微课教学效果的重要因素，还要根据不同学科的属性和不同教学对象来选择微课教学内容的表现形式。从目前来看，常见的微课教学视频类型主要有三种，分别是以视频录制为主的教学视频，以录屏为主的教学视频，以 Flash、PPT 为主的教学视频，如表 6-2 所示。

表 6-2　微课教学视频的类型

教学视频类型	资源描述	代表性资源
以视频录制为主的教学视频	运用摄像机进行录制，然后通过软件后期编辑	国内各大高校的慕课资源
以录屏为主的教学视频	在讲学过程中，利用录屏软件同步录制	可汗学院
以 Flash、PPT 为主的教学视频	将其转换为视频格式	数字故事类资源

五、高校体育微课教学设计原则

(一)适时分解原则

微课之所以受到大多数人的喜爱,其中一个很重要的原因就是人们可以在不受时间、地点约束的情况下进行碎片化学习。因此,教师应当保证微课教学内容的精练而不是简单地舍弃教学内容,使人们在较短的时间学到丰富的内容。在具体制作过程中,教师应当充分考虑体育课程的知识、教学方法、微课的表现方法等因素,有意识地对高校体育微课的一些内容进行拆分。

(二)聚集性原则

通常情况下,我们在较短的时间内难以掌握大量的知识,但是我们可以通过集中时间与灵活方式来提高时间的使用效率,从而掌握重点知识。因此,在微课教学内容的设计过程中,教师应当对课程的重点、难点和其他部分进行分析与研究,从而使人们在较短的时间内集中学习重点和难点知识。在制作高校体育微课时,教师应加大对运动动作与技巧方面的拆分、详细地对动作难点进行讲解、对特殊的动作和技巧进行分析,使学生能够有针对性地进行练习,提高自身对重要动作技巧和困难动作技巧的熟练程度。

(三)简洁性原则

一个微课视频的持续时间为5～10分钟,这与正常人的注意力集中时间保持一致,因此人们往往能够在这段时间集中精力进行学习,并利用其他的时间对已学内容进行理解与巩固,从而更好地运用于具体的实践活动之中。因此,在设计微课教学内容的过程中,教师应当在较短的时间向人们展现微课的重点内容,并保证微课的质量。对于当代大学生而言,他们对新生事物的接受能力较强,并且已经具备了一定的体育运动技能,因此他们能够以较短的时间适应微课内容。另外,他们还可以根据自身的需求来寻找最适合自身学习的微课,针对性地提高自己对某个动作的熟练程度。

(四)微课设计特色突出

随着互联网的普及程度越来越高,人们对微课的重视程度越来越高,因此吸引了大量的教师加入微课的设计队伍之中,各种高质量、高水准的微课层出不穷。在这种情况下,如何设计出富有个性且高质量的微课是每个微课设计教师主要考虑的问题,因此在微课的设计过程中,教师应当充分发挥自身的优势和本校课程的特色,并相应地结合学生的实际需求,设计出最符合本校学生需求的高质量微课。

六、微课设计评价预计效果及反思

(一)学习评价效果的预计

在完成高校体育微课的分析工作和设计工作之后,高校体育微课大致内容已经形成,但这不意味它能够直接运用具体教学实践活动之中,教师还要做好微课教学策划的实行规划。对于教师而言,他们还要进一步明确学生的学情、教学行动的实施情况、教学方式的可操作性、教学媒介的选择以及如何面对学生的评价和处理学生评价。因此,在高校体育微课正式运用于教学实践活动之前,教师必须要进行教学策划的评判工作。

从目前来看,教师主要是通过形成性评判来进行教学策划的评判工作,即教师在正式实施之前先对其可行性进行检测,然后再观察最终实施结果。如果达到了预设的理想目标,那么教师在设计微课的过程中所投入时间与精力都是值得的;如果没有达到预设的理想目标,那么教师可以对微课教学内容进行调整,直至达到理想目标。

(二)微课策划形势评判

1. 教学微课评判

现阶段高校微课教学的评判规范主要包括三个部分的内容:其一,基本目标准则,即是否达到"提高学生的体育知识和技巧能力,完善体育教师教学水平"的基本目标。其二,学生的评价。一般情况下,优秀的微课广受学生好评;其三,微课的传播量。微课的传播量越高,受到微课影响的学生就越多。

2. 高校体育微课评判的实施

高校体育微课的评判主要包括三个方面,分别是教授和学习流程的评判、教学资源的评判、成效的评判。与此同时,我们还会将定量和定性的要求融入于评判过程之中。如表 6-3 所示。

表 6-3　微课资源评价表

项目	优等	中等	劣等	满分	得分
结构	语言精练准确,框架结构明确	语言较为精准,框架结构较为明确	语言和结果基本清楚	40	
画面	清晰顺畅、声音清晰、能很准确地表达所要讲述的内容,字与声音同步	较为清晰顺畅、主要内容的表达能通过文字与声音较为同步表述	清晰流畅度不高,字与音不同步	20	

续表

项目	优等	中等	劣等	满分	得分
文字	设计合理	较为合理	给人杂乱感	20	
语言	语言诙谐有创意	语言流畅	语言平淡无奇	20	

3.微课设计应注意的问题

从目前来看，教师在高校微课教学过程中应注意以下几个方面：①教师应重视学生在微课教学中的主体作用；②微课教学内容要精练、细致，主题不宜过多；③微课视频的持续时间不宜过长，在5～10分钟内适宜；④在录制微课视频时，教师应严格按照正常教学要求进行教学，学生应以正常学习的态度进行学习，避免出现刻意学习痕迹；⑤教师要重视教学过程中的难点，用最通俗易懂的语言进行讲述；⑥微课视频中的语言和符号应保证清晰易懂；⑦尽量用引导的方式开展教学活动，提高学生的自学能力；⑧在制作微课视频的过程中应多参考其他优秀教师的教学经验，搜集大量相关的资料，以便于保证微课视频的质量。

第三节　高校体育微课教学设计

一、高校体育微课教学设计框架

（一）高校体育微课教学设计目标的制定

在高校体育微课的教学设计中，我们要对高校体育微课的教学大纲、教学计划等方面的内容进行深入分析，进一步明确高校体育微课的主要内容。在此过程中，我们还要通过高校体育微课的教学目标和教学内容不断进行论证，以便于保证高校体育微课教学活动的顺利进行。

对于教育工作者而言，他们应该先明确学生的学习习惯，然后针对性设计教学内容，调动学生的学习积极性，进而积极主动投入到高校体育微课教学活动之中。与此同时，教育工作者还要培养学生独立思考的能力，通过对所学知识进行思考，从而将知识运用具体实践活动之中，将高校体育微课的教学内容运用于高校体育教学活动之中。另外，教育工作者在选择教学内容的过程中应严格遵循由易到难的原则，使学生能够明确高校体育微课教学过程中重点和难点，并将其中的难点进行拆分，加快学生对高校体育微课教学内容的理解。

在高校体育微课教学的设计过程中，教育工作者应注意以下四点：其一，坚持以学生为本的教学设计原则。学生是高校体育微课教学活动的主体，因此教育工作者应明确学生的实际需求,并根据学生的需求来对教学内容进行调整,从而制作出符合学生实际需求的微课,促进学生掌握微课教学的内容。其二,教育工作者应为学生提供一些书本上没有的知识,使学生能够通过高校体育微课教学活动掌握更多的知识,从而更好地完善自身的体育知识体系。因此,教育工作者应当根据高校体育教学实际情况和教学目标进行微课教学活动的研究,使得高校体育微课教学更加具有实际意义。其三,教育工作者应通过高校体育微课教学来提高学生的学习兴趣。对于大多数学生而言,兴趣才是激发他们学习积极性的重要动力。因此教育工作者应当充分利用调动学生对体育运动的兴趣,使他们能够积极主动地参与到体育课程之中,这样才能更好地帮助学生形成终身体育的观念。其四,教育工作者应充分尊重学生的建议,并将其融入于高校体育微课教学设计之中,从而提高学生在体育课程教学中的参与度。因此,在设计高校体育微课教学内容时,教育工作者应当为学生提供一个表达观点的平台,使学生能够充分发挥自身的主观能动性,自主地选择学习内容和学习方法,从而培养自身的创新创造能力,提高学习效率。

(二)微课教学设计中学生的配备

受家庭、社会等环境的影响,每个学生的学习能力和接受能力都存在一定的差异,这就要求教育工作者在微课教学的设计过程中充分考虑不同学生的接受能力。另外,为了保证微课教学视频的质量,教育工作者应当加强对高难度的技术动作的讲解,从而使学生能够针对性地选择重难点进行学习。这同时也意味着在制作微课教学视频的过程中,教师应当选择具有一定专业基础的学生作为教学对象,营造较好的教学氛围,从而为以后的学习者提供更好的学习体验。

(三)微课教学设计中教学方法的运用

与传统课程教学相比,微课教学具有时间短和教学内容精练等特点,因此教育工作者应选择更适合微课教学的教学方法,重点突出微课教学过程中的重点和难点内容。例如,在高校篮球的教学过程中投篮、传球、挡拆等动作具有一定复杂性,教师应对这些动作进行相应的课程设计,以保证微课教学内容能够满足学生的个性化需求。

(四)微课教学设计的原则

高校体育微课教学设计应当遵循适时分解原则、聚焦性原则和简洁原则以及突出课程内容的特点。微课最主要的特点就是“微”,为了保证学生可以充分利用自己的闲余时间来观看微课教学视频,教育工作者在设计微课教学视频的过程应考虑到教学视频的内容不宜过多,同时也要考虑微课的完整性。因此,教育工作者应当从微课教学的整体性出发,对教学内容进行分解,使学生能够直观地感受到微课教学内容的重点和难点。

从目前来看，高校体育微课教学视频的形式主要包括三种，分别是以现场录制为主的实拍式微课形式，以屏幕录制为主的录播式微课形式，以 Flash、PPT 为主的微课形式。其中，以现场录制为主的实拍式微课形式指的是摄影师分别对教师、学生以及教学现场进行拍摄，然后再对拍摄视频进行后期处理的微课视频形式。实拍式微课一般分为有现场互动的实拍微课视频和没有现场互动的实拍微课视频。对于学生而言，有现场互动的实拍微课视频更能够吸引他们的注意力，从而提高他们的学习效率；而没有现场互动的实拍微课视频的重点在于教师的个人讲解，视频内容较为单调。以屏幕录制为主的录播式微课形式指的是教师通过视频向学生讲解教学内容，然后再用屏幕录制软件将这段教学视频录制下来，这种视频的制作方式较为简单。对于大多数教育工作者而言，他们可以通过屏幕录制软件将自身的教学过程录制下来，上传到微课比赛网站上，从而与来自各个地方的教师同台竞争。以 Flash、PPT 为主的微课形式指的是教师将幻灯片和 Flash 动画转化为媒体影像，从而以微课视频的形式展现在人们面前。同时，这种视频形式对教师的幻灯片制作水平和动画制作的技术要求较高。

二、高校体育微课教学设计环节

在高校体育微课教学的设计过程中，教育工作者应明确微课教学设计的内容和自身的技术水平，做好高校体育微课教学的设计工作。首先，在选取知识的过程中，教师应当明确知识的难易程度，先从简单的知识出发，再逐步向复杂的知识发展，以便于学生能够逐步地接受知识、掌握知识。其次，教育工作者要以学生作为微课设计的中心，教师所选的教学内容应满足学生的学习需求，从而通过微课来调动学生的学习积极性。再次，教师应当充分了解学生的兴趣，通过培养兴趣的方式来引导学生主动学习。对于大多数学生而言，兴趣是推动自身学习的重要动力，它能够充分发挥学生的主观能动性，进一步使学生将体育运动作为学习生活的一部分。最后，教育工作者在微课的设计过程中应当将增强学生的自主学习能力作为主要目的，不仅要提高学生的学习能力，还要推动学生主动思考。

三、高校体育微课教学的制作

（一）设备的准备

在制作高校体育微课教学视频的过程中，我们应当以课程性质为标准来选择拍摄设备。在传统高校体育课程中，教师一般重视实践课，而高校体育微课教学不同，不仅重视实践课的教学内容，还重视理论课的教学内容。在理论课教学过程中，教师主要以教师作为拍摄场景，拍摄者主要拍摄教师对高校体育内容的讲解和学生的听课情况，因此拍摄者至少要准备一台摄影机，大部分时间将镜头朝向教师，偶尔将镜头转向学生。在实践课教学过程中，我们要以专业的摄影棚或专业的体育场馆作为拍摄场地，拍摄者不仅要拍摄教师的教学动作，还要拍摄学生对动作的掌握情况，因此拍摄者至少要准备两台摄影机，这样才能保证学生的动作和教师的动作都能够被摄影机所记录。另外，为了保证微课教学视频的质量，拍摄者应当选择较专业的拍摄设备。

(二)场地的选择

对于高校体育微课教学视频而言，场地的选择是影响整体教学效果的重要因素，教育工作者应当通过选择合适的教学场地来营造较好的教学氛围。在录制高校体育教学视频的过程中，教师和学生都应该处于真实的教学环境之中，这样才能引起视频学习者的共鸣，因此在拍摄高校体育微课视频时应当选择真实的课堂环境。与此同时，教师和学生都应当以最真实的状态来对待微课视频拍摄，这样才能真实地再现课堂教学场景，展现最真实的教学过程，从而达到理想的目标。

(三)摄像机位的架设

在拍摄微课教学视频时，拍摄者应把握摄像机位的架设，使摄像机与教师、学生之间保持一定的空间距离。一般情况下，我们在摄像机位的架设过程中应考虑以下三个方面的因素，分别是摄像机的方位、摄像机的高度、摄像机的距离，通过合理地调整摄像机的角度、高度和距离，能够更好地表现教师与学生的状态，从而为视频学习者提供较好的视觉体验。在高校体育微课教学视频的拍摄过程中，我们应当准备至少三台摄像机，一台摄像机用于拍摄教师的教学动作细节，一台摄像机用于拍摄学生的反应和模仿教师动作的细节，另外一台摄像机则用来拍摄全景，即教师教学和学生学习的整体画面。为了保证整个拍摄画面的效果，拍摄者应当实时关注拍摄画面，及时作出调整。如图 6－2 所示。

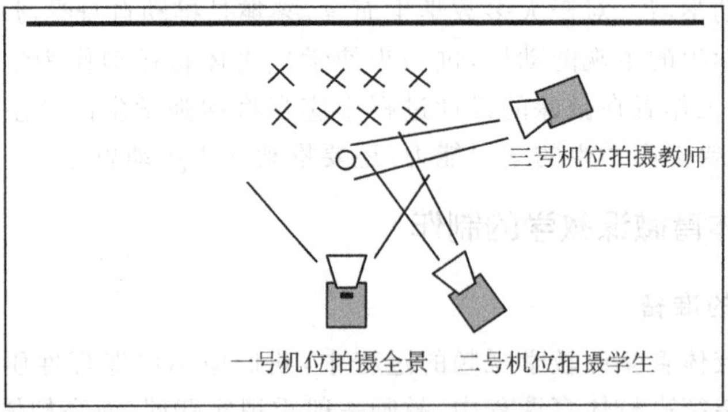

图 6－2　摄像机位的架设

(四)现场的协调

从整体上来看,现场的协调对于拍摄高校体育微课教学视频具有重要的影响作用。因此,在拍摄高校体育微课教学的过程中,学生应当积极地配合教师,教师应当尽量地满足学生的需求,从而达到各方面的协调,进一步保障微课的整体效果。

(五)素材的录制

由于高校体育课程的内容存在一定的差异,因此在录制素材之前应当先明确教师的教学内容。在录制教学素材的过程中,我们应当明确两点,分别是视频素材的格式和拍摄要求。通常情况下,常见的视频格式有 MP4 和 WMV 两种类型,不同的视频格式需要借助不同的播放媒介才能正常播放。在拍摄视频素材时,拍摄者要严格按照要求来摆放摄像机,并对教学中的重点和难点进行捕捉,从而使视频学习者能够在观看过程中明确教学的重点和难点。在摄像机位的选择方面,我们一般会使用三台摄像机进行拍摄,即一台摄像机位于教学场地的角落,用于拍摄学生;一台摄像机位于教学场地的前方,用于拍摄教师的动作;另外一台摄像机位于教学场地的后方,用于拍摄全景,只有这样才能保证视频素材的完整。

(六)后期的编辑

一般来说,在微课教学视频拍摄结束后,我们要对视频内容进行后期处理,即对视频的内容进行整理,对多余的部分做删减处理。在进行微课教学视频的编辑工作时,应先选择合适的视频编辑软件,虽然市面上有较多的视频编辑软件,但这些软件不一定适用于不同拍摄形式下的微课视频。例如以现场录制为主的实拍式微课视频和以屏幕录制为主的录播式微课视频虽然都是微课视频,但其画面质量存在较大的差距,并且视频制式也不同。在现场录制为主的实拍式微课视频中,如果拍摄者选用了专业摄像设备,那么其画面帧数可达到每秒 30 帧甚至更高,而在屏幕录制为主的录播式微课视频中,其画面帧数通常为每秒 5 帧,远低于实拍式微课视频。因此,针对不同拍摄情况下的微课视频,我们应当选择不同的视频处理软件。

(七)成品的输出

在微课教学视频的后期处理过程中,教师通过视频制作软件再次接触到微课教学视频,并更加明确教学的重点和难点,或者通过调整视频的内容来促进教学重点和难点的形成,这意味着教育工作者不仅是微课教学视频的设计者,也是微课教学视频的改良者。从微课教学视频的形成到微课教学视频的后期处理,再到微课教学视频流入市场,教育工作者的作用不可忽视,同时这也促进了教育工作者教学能力的提高。

(八)教学效果点评

随着互联网技术的不断发展和网络平台的不断拓展,微课对人们的影响越来越明显。微课教学视频具有容量小、内容精练的特点,人们可以通过无线网络在线观看微课教学视频,学生可以不受时间和空间的限制而主动地进行学习。在传统的课程教学过程中,学生可以通过向教师提问的方式来提高自身的学习效率,而反馈机制也同样适用于微课教学。在网络平台上,学生与教师可以在线进行交流,使授课教师能够第一时间掌握学生的学习情况,了解学生在学习过程中存在的问题,并针对学生存在的问题及时调整教学方案,从而提高学生的学习效率,进一步提高学生的学习能力。

微课教学与传统课程教学之间也存在一定的相似之处,具体表现为教学引导方面。在微课教学视频的制作过程中,教师通常会先以引导性的话语作为开场白,以便于激发学生主动学习的积极性,再以最适合学生的方式来开展教学活动。值得注意的是,疏、引、通的教学观念对微课教学活动的开展具有重要意义。其中,疏指的是教师通过巧妙的语言拉近与学生之间的关系,使学生能够消除负面情绪,以积极学习的态度面对微课教学;引指的是通过正确的课程观念和合理的课程内容来引导学生学习;通指的是学生通过学习高校体育微课的内容来联系其他学科的内容,灵活地处理不同学科的知识。在高校体育微课教学过程中,教师应充分发挥自身的专业能力,为学生细致地讲解每一个具体的动作,用自身的专业素养和语言技巧来吸引学生的注意力,营造良好的教学氛围,从而使学生能积极主动地参与到课程教学过程中。

四、影响高校体育微课教学设计的因素

从目前来看,大多数教师对微课教学的了解程度并不高,因此本文从多个角度出发来帮助教师了解高校体育微课教学及其制作方式。对于教育工作者而言,他们在制作高校体育微课教学视频时不仅要考虑学生的接受能力和需求,还要考虑自身的教学能力,综合多方面因素制作出高质量的高校体育微课教学视频,从而提高学生的学习能力,促进学生的发展。

(一)设备条件的影响

大多数人认为,教师的教学能力和学生的配合程度是影响微课教学视频质量的主要因素,但他们忽视了一点,即拍摄设备的条件对微课教学视频质量的影响也十分明显。对于高校体育微课教学视频而言,一台或两台摄像机拍摄出来的效果远不如三台摄像机拍摄出来的效果,三台摄像机不仅能够捕捉教师教学动作的细节,也能够捕捉学生学习过程中的细节,还能够对教学活动的全景进行记录,从而确保观看视频的人能够明确课程的重点,融入于微课课程教学之中,有利于学生感

受课程教学的整体氛围。而一台或两台摄像机所拍摄出来的画面过于简单,不利于学生进一步了解教学内容,从而影响学生的学习积极性。除了对视频拍摄设备的要求较高之外,我们对录制教师和学生声音的设备也要求较高,这些设备如果通过摄像机的声音录制功能来录制声音,那么将无法保证教师和学生原声的清晰度,甚至会出现原声被杂音所覆盖的情况,从而导致视频的声音效果较差。如果是通过外置声卡和吊杆麦克风来录制声音,那么能够有效地减少周边的杂音对教师和学生原声的影响,从而保证教师和学生的原声清晰度。

在高校体育微课教学设备的录制过程中,教育工作者应当根据实际教学情况来选择录像设备和录音设备,并在后期处理过程中针对性地进行调整,从而保障微课教学视频的质量。虽然优秀的录像设备和录音设备对微课视频的录制较为重要,但不能对录像设备和录音设备提出过高的要求,教育工作者应当将主要精力集中于提高自身教学能力之中,充分利用眼前的录像设备和录音设备,做出最优秀的高校体育微课教学视频。

(二)设计方案的影响

除了专业的录像设备和录音设备,教学设计方案也对高校体育微课教学视频具有重要的影响。在拍摄高校体育微课教学视频之前,教育工作者首先要制订完整的教学计划,不仅要保证教学计划涵盖了大量的知识点,能够通过教学活动充分地展现出来,还要保证学生能够理解教学计划中的重点和难点,从而顺利地开展教学活动。

微课具有容量小、内容精练等特点,因此在制订高校体育微课的教学计划时必须要考虑多方面因素,其中包括该学科的教学内容、教学目标、教师的教学内容以及学生的接受能力。综合国内众多知名教育工作者的微课作品来看,他们的微课作品中大多都采用了多种教学方法和教学技巧,使得学生在观看微课教学视频的过程中能够主动地参与到课堂教学之中,而不是被动地接受知识灌输。例如,教师先在微课视频的开头抛出一个问题,通过设置问题的方式来引发学生的思考,使学生能够尽快地进入微课教学之中,然后通过知识的串讲逐渐解答视频开头的问题。因此,在高校体育微课教学过程中,教育工作者要根据学生的接受能力和自身的教学能力来进行教学设计,合理地安排教学内容,通过独特的处理方式来调动学生的学习积极性,最终促进教学活动的顺利开展。

(三)学生的影响

传统高校体育课程教学的主要目的是为了提高学生的身体素质水平,而高校体育微课教学也同样如此,虽然二者在具体表现手法方面存在一定的差异,但二者的最终目的是相同的。随着互联网对各行各业的影响不断加深,微课教学的作用也越来越明显,同时也得到了越来越多教师和家长的认可。微课教学作为辅助类的教学手段,它不能强制学生参与微课教学活动,只能通过自身的特点来吸引学生参与微课教学。因此，大多数学生选择高校体育微课教学的原因主要是他们热爱体育运动，想要通过高校体育微课教学学习到更好的体育运动技能和动作技巧，从而提高自身的运动水平。

(四)制作人自身的影响

在制作微课教学视频的过程中，我们通常会考虑客观因素和主观因素两个方面的因素，其中客观因素主要包括录像设备、录音设备和设计方案等，而主观因素指的是微课制作人本身。从目前来看，微课的影响力并不仅仅表现在学校层面，还表现在社会层面，其对于人才培养的作用是十分显著的。因此，微课制作人必须要具备较强的社会责任感，以自身的最佳状态为社会民众服务。大多数微课制作人所从事的职业都与教育密切相关，但是由于学历不同、擅长领域不同、新媒体素养不同等因素的存在，每个微课制作人的微课设计都不同。对于一名微课设计者而言，引入专业的录像设备、录音设备固然重要，但更重要的是提高自身的知识素养和新媒体素养，在微课设计过程中要满足学习者的需求为主，使得学习者能够促进自身更好的发展。

五、提高高校体育微课教学设计的措施

(一)教学行政部门的重视

与传统高校体育课程教学不同，高校体育微课教学对时间、地点没有特定的要求，不仅可以用于课堂教学，也可以用于学生的自我教育，因此高校体育微课教学在管理方面较为自由。针对高校体育微课的管理情况，我们应当制定明确的标准来对微课进行管理，对不符合学生需求的微课进行调整或删减，对于符合学生需求的微课进行整合归类，从而形成科学的、完整的微课教学体系。随着网络平台不断拓展，高校体育微课教学的内容也逐渐丰富化，其优势也越来越明显，不仅有助于学生自主学习，还有助于补充传统高校体育课程以外的知识。从目前来看，我国大多数高校已经开设体育微课，但这些高校基本上都是自顾自地发展，其体育微课的内容基本上只适用于自身的体育教学，这无疑不利于各个学校体育微课的交流。长此以往，将难以保证高校体育微课教学的质量，从而造成高校体育教学资源的浪费，更不利于学生的发展。为了改变这一现状，我们必须要从管理方面入手，各地的教育部门应当加强彼此之间的联系，集合力量构建系统化、科学化的网络微课管理平台。与此同时，各地高校应当将微课资源上传到指定的网络平台中，并向各地高校学生开放，使得各地高校学生都能够享受高校体育微课教学资源。另外，为了进一步保障微课教学视频的质量，高校应严格按照要求对微课教学视频进行审核，要求上传者完善个人真实信息，以便及时联系上传者和为上传者提供一定的服务。

学校是教育和管理学生的重要场所，对微课教学的具体实施具有重要的影响

作用。为了更好地发挥微课教学的作用，学校应当为微课教学设立专门的管理部门，通过制定科学、合理的管理规定来加强高校微课教学工作。各地的教育部门应当加强彼此之间的联系，使得各个高校之间的联系越来越密切，尤其是在高校体育微课教学方面的交流。与此同时，各地教学部门应当组建专门管理高校微课教学视频的网络平台，使得各高校能够共享微课教学资源，教师能够通过研究与分析其他高校优秀教师的教学视频来提高自身的教学水平，进一步提高微课教学的质量。对于学生普遍存在的问题和难点，各高校的教师应当加强讨论与分析，从而得出一个能够满足大多数学生需求的解决方案。这样做不仅有利于提高教师自身的教学水平，还有利于提高高校微课教学视频的质量。对于那些质量较高、口碑较好的微课视频，各高校教师应当积极学习其中的优秀教学经验，并将其运用于微课教学视频设计过程之中。

（二）激励高校教师参与微课教学的积极性

微课对学生学习的积极影响是显而易见的。在互联网时代，微课的使用频率越来越高，微课与人们之间的联系也越来越密切，而如何吸引学习者的注意力和提高学生的学习能力，是目前高校微课教学视频制作者必须要重视的问题。对于大多数高校教师而言，他们不仅要进行传统的课程教学，还要花费一定的时间与精力来设计高校体育微课教学的内容，难免分身乏术，再加上学生对微课教学视频的需求越来越高，教师要不断搜寻很多的资料来设计微课教学内容，因此高校教师在制作微课教学视频过程中面临着巨大的压力。这就要求学校和政府应当给予一定的支持与帮助，不仅要适当地减轻教师的教学负担，还要为教师提供一定的教学资源，使得教师能够积极主动地参与到高校微课教学过程之中。对于学生而言，他们通常会选择具有吸引力的微课教学视频，从而针对性地进行自我教育，这就要求高校教育工作者在微课教学视频中投入更多的时间与精力。

（三）提高教师对微课的认识

随着互联网的普及，大多数学生已经能够适应微课教学，但是一些习惯于传统课程教学的教师仍对微课的形式存在误解，他们一般认为微课就是将传统课程教学的过程记录下来并上传到网络平台，然而微课并不是简单地录制课程，它还包括视频的制作、视频内容的安排、教师的讲解等多个方面的具体内容。对于新时代的高校教师而言，他们应当了解微课的形式和内容，并将自身的教学活动融入于微课教学之中，从而顺应时代的发展。有些教师认为，微课只是一时地满足人们的新鲜感，它无法撼动传统课程教学的地位。这种观点无疑是片面的，虽然传统课程教学在短时间内无法被取代，但也不意味着微课对传统课程教学的地位没有影响，因为它是新时代的产物，代表着新的教育发展趋势。因此学校和社会应当加大对微课教学的重视，投入更多的精力于微课教学之中，使更多的人能够正确认识微课，并参与到微课教学之中。

除了要正确认识微课之外，教育工作者还要明确微课开发的目的。从目前来看，开发微课的目的在于方便教师进行微课教学活动，从而更好地提高学习者的学习能力。对于教育工作者而言，如果没有以学生为中心来设计微课教学视频，而是出于功利目的来设计微课教学视频，那么微课教学就无法真正地体现教师的教学能力，从而无法真正地为学生服务。因此，高校教师在微课教学视频的设计过程中应当严格遵循教育原则，循序渐进地进行教学活动。与此同时，教师在设计微课教学视频的过程中还可以借鉴其他优秀教师的教学经验，从而提高微课教学视频的质量，更好地提高学习者的学习能力。

（四）拓宽微课学习的渠道

大学生思维较为活跃，因此他们对新生事物的接受能力较强，尤其是互联网相关的事物，他们普遍反感传统高校课程教学中的灌输式教学，而热衷于新的微课教学。因此，为了更好地促进大学生的身心发展，我们应当明确大学生的需求，通过拓宽微课学习的渠道来吸引学生的注意力，充分调动学生的学习积极性。

在微课教学中，教师要通过创设新的教学情境来激发学生对学习的兴趣，以诙谐幽默的语言来打动学生，使学生能够轻松地适应微课教学。在设计微课教学内容时，教师应充分考虑学生接受能力和自身的教学能力，着重地对教学重点和难点进行讲解，用较短的时间来进行有效的教学活动，从而针对性地解决学生在学习过程中存在的问题。

（五）完善高校体育微课教学设计的评价体系

教学评价是反映教师教学水平、教学效率的重要方式之一。因此，我们应当通过建立健全高校体育微课教学设计评价体系来促进高校体育微课教学的发展。通常情况下，高校体育微课教学设计评价体系是由两个部分组成，分别是学生对微课的评价和他人对微课的评价。对于教育工作者而言，要提高学生对微课的评价，首先要精心设计微课教学的内容，对教学内容中的重点和难点进行细化，使学生能够充分理解这些知识，并培养学生的自主学习能力；其次，要精心设计课堂练习和测试内容，针对学生的学习情况来做出不同程度的提示，促使每个学生都能够通过练习和测试来掌握知识，从而向更高层次发展；最后，教师要对学生的学习情况进行观察，发现学生在学习过程中存在的问题，并相应地提出解决方案，从而更好地为学生服务。与此同时，他人对微课的评价也是十分重要的。大多数情况下，不同学者、教师、专家对同一微课教学视频的看法有所不同，因此我们应当针对不同人群来设置评价选项，并对这些评价进行整合分类。另外，教师还要收集不同学生、学者、教师对高校体育微课教学的建议，尤其学习者的建议，并根据这些建议对微课教学内容进行调整，从而更好地满足学习者的需求。

第七章　高校体育教学评价设计与实践

在体育教学工作中，体育教学评价是必不可少的一个环节，评价行为和结果，可以如实反映出体育实践过程中教师“教”得如何和学生“学”得怎样，也可以较好地凸出其中所存在的问题，为当前以及未来体育教学的改革发展奠定基础。由此可见，在体育教学过程的评价工作相当重要，应予以足够的重视。

第一节　体育教学评价的基本理论

一、体育教学评价的概念和特点

(一)体育教学评价的概念

体育教学评价是指对体育教学实践中教师所“教”和学生所“学”的各个环节以及最终成效展开的一项价值判断活动。在具体的体育教学实践中，各体育教师应主动承担起自身的职责和使命，时刻谨记教育的目的和理念，并遵守相关的教学规定，科学、合理地设计课堂教学内容，合理运用教学手段，引导学生积极、主动、高效地参与到体育知识和体育技能的学习当中。也唯有如此，才能让“教”与“学”的关系更为紧密、和谐，共同助力体育教学目标的达成。

体育教学评价的内容十分广泛，涉及体育教学活动中的方方面面。体育教学的成效是指学生在经历一段时期的体育教学的培养后，在体育课程方面的学习能力、学习态度以及学习成绩上的变化、发展与提高，而以上三方面的前后变动程度正是对学生“学”的评价的主要内容，这其中包括学生在体育个性与心理方面的改变，即评价学生在体育课程标准所规定的目标与要求方面所达到的程度。总之，体育教学评价不仅包括对教师“教”的水平与态度的价值判断，也同样涵盖了对学生“学”的体验、成效、态度等维度的价值判断，是对师生双方在教学实践中一切具体表现所做出的综合性价值判断活动。

关于体育教学评价的对象和内容的优缺点以及当前重要性和使用频率，如表 7-1 所示。

表7-1　对各种体育教学评价的分析

序号	评价方式	优点	缺点	当前重要性	使用频率
1	教师对学习过程的评价	评价的主体是最有经验的教师，而评价的对象是生动的教学过程，评价会及时而生动	由于评价的对象是动态的过程，评价有时缺乏准确性	很重要，要更加重视的、比较主要的评价方式	每时每刻
2	教师对学习结果的评价	评价的主体是最有经验的教师，而评价的对象又是最反映教学效果的结果，因此评价的准确度很高	评价缺乏即时性，也会因此缺乏生动性，发现的问题已无法纠正	依然重要，依然要重视的主要评价方式	每学段、学年、学期、单元
3	教师之间的相互评价	评价的主体和客体都是有经验的教师，因而评价具有学术性和高质量。这种评价对教学经验的总结和教学的改善很有作用	这种评价不可能成为日常的评价，也不能成为对每个学生的即时评价	要重视的、辅助性的评价方式	每学期12次
4	学生的自我评价	评价来自学生对学习的"自省"，对于激发学生学习动机和培养学生的学习能力具有重要的作用	评价会因学生的自我保护意识和优点夸大意识而产生偏差	很重要，要更加重视的、比较主要的评价方式	每时每刻
5	学生之间的相互评价	评价来自处于同样学习目标和学习阶段的"同行者"，有很强的针对性和生动性，也有很强的刺激性	评价会因学生的经验不足、缺乏专业知识和对同学缺乏负责精神等产生偏差	很重要，要更加重视的、比较主要的评价方式	主要依据教师的安排而定

简而言之，对体育教学活动价值及优缺点做出评价的过程就是体育教学评价，而在具体的评价过程中所做的一切评价工作均需确保有理有据，不可随性而为，一

般来说既要遵守相关的教学规定(如教学大纲、预期教学目标、教学标准等),也应当考虑各校的体育教学现状以及教师和学生的教学特点。体育教学评价是在系统的调查和分析的基础上进行的,学校和教师以教学评价结果为依据,合理调整体育教学中的各个环节。

(二)体育教学评价的特点

1.评价的动态性特点

体育教学评价,既看重对发展环节的评价,也看重对最终成效的评价,简而言之,即同等重视体育教学的过程和结果。毫无疑问,几乎所有体育教学活动均是围绕着一定的教学目标所开展的,而体育教学评价作为其中的关键环节自然同样是为助力教学目标的实现。体育教学评价将体育教学过程和结果的双重评价有机统一起来。具体来说,就是在评价过程中,要看这一过程是否有利于达到预定的目的,能否取得良好的效果;在评价结果时则要对取得这一结果的方式、手段与过程进行充分的考虑。而对以上两方面的评价均是实时的,是伴随着体育实践活动的开展而动态变化的,凸显出鲜明的动态性。

2.评价目标的发展性特点

体育教学目标是体育教学的出发点,其将教学主体的价值观念集中体现了出来,换言之,在一定阶段内体育教学活动是否达成预期的教学目标以及达成的程度如何正是展开体育教学评价的依据所在。过去,体育教学评价曾长期受传统教育价值理念的束缚,将运动技能的培养作为一切教学活动的中心,显而易见,此时无论是理论知识课堂还是实践活动课堂均是完完全全为运动技能的学习与巩固提高所服务的。事实证明,这一认识方面的偏差对体育教学的发展有一定的消极影响,造成了体育教师的“教”极为看重对技术能力的教授与传递,而对于学生的兴趣爱好、个体差异、身心的发展需要等方面则较为淡漠。时下,以人格和谐发展为核心理念的文化价值观已日渐深入人心,获得了社会各界人士的普遍认同。在此理念的推动下,让体育教学评价的相关部门与人员重新审视了体育教学目标,逐步关注起学生这一本体的发展上来,并将促进他们人格健全、文化素养的提升、知识与技能体系的构建等目的有机地融入了体育教学活动的方方面面之中。同时,体育教学是否有益于学生身心的全面与长远发展也成了体育教学评价中的一项重要内容。

3.评价主体的多元性特点

体育教学评价的主体具有多元性特点,学生、家长、教师、领导、专家等都是体育教学评价的主体。在当今时代,学生在体育教学中的主体性地位得到了充分重视,也收获了不错的成果,而体育教学评价的有效开展也正助长了这一趋势,它逐渐转变为学生积极参与、自我反思和逐步发展的过程,极大地缓和了过去教学中长期存在的师生矛盾和隔阂,拉近了两者间的距离,且在其间构建起一种和谐、平等的评价关系。

在过去,体育教学评价的模式较为单一,主要体现的是管理层的看法和见解,因此评价的结果往往较为片面,且准确度也不高,对于评价的过程和结果,学生的反应也呈现出一定的消极表现,譬如有的学生对之漠不关心,也有的学生极其抗拒它,害怕不良评价影响到自己的正常学习。这些正是由于被评价者积极参与的缺乏,导致评价者往往不能准确地发现问题,使评价的发现和改进的功能不能得到很好地发挥。

4.评价方法的过程性特点

当前,对学生体育学习过程的把控程度,逐步成为体育教学评价中的重要关注点。在体育实践中,体育教师能否充分发挥自身的引导功能,给予学生学的过程较具针对性的指导,直接决定着他们在此过程中能否取得身心发展上的突破性进步。因此,体育教师理应关心、爱护并尊重学生,重视他们在课堂内外的一言一行,及时发现他们在学习过程中的难点和不足之处,并给予及时、适当的帮助以及客观公允的评价,让其养成良好的学习习惯和高效的学习方法,以取得身心的全面成长。通过学生对教师教学过程的评价,则有助于不断提高教师教学方法和教学内容的适应性,推动教师教学水平和教学质量的稳步提升,从而实现高校体育教学的蓬勃发展。

5.评价方法的多样性特点

在高校体育中,涉及各式各样的体育知识和技能项目,也有各方面存在显著差异的施教者(体育教师)和受教者(学生),对于不同的课堂内容和不同的教学对象,自然不可采取千篇一律的评价方法。经过多年体育教学评价的实践发展,已逐步形成系统化的体育教学评价体系,其中包含着多种多样且独具特色的评价方法。但这些方法的适应性较低,多多少少皆存在一些局限。因而,在实际开展体育教学评价时,应全面了解各评价方法的特点和规律,正视其缺陷与不足,为保证评价的过程与结果能够科学合理、公平客观,可以综合利用多种方法进行评价,以最大程度地发挥各方法的优势和长处,尽量克服其明显弊端。

二、体育教学评价的类型、功能和作用

(一)体育教学评价的类型

依据不同的分类标准,可将体育教学评价划分为不同的类型,一般来说可按照如下两个依据进行分类。

1.以评价分析方法为依据

(1)定性评价。这一评价方法主要根据评价者对被评价者平时的表现、现实和

状态或文献资料的观察和分析，直接对其做出定性结论的价值判断。它较为关注教学的质量高低，通常将评估的结果分为几个不同的层次，借助不同的评语或符号来区别。

(2)定量评价。此评价方法主张以数量计算的方式来强化评价，使其更为全面、科学和准确。一般来说，它通过借助各种各样的收集、整理、加工等工具和手段来处理相关教学文件信息，并以此作为评估的依据。

2. 以评价功能为依据

(1)诊断性评价。此评价方法的目的性较强，是专为了解学生的学习基础状况并精准定位限制其学业发展的各项因素而进行的评价。它不仅包括找出难点和不足，明确学生在学习过程中是否遇到瓶颈，以及为什么会出现此类现象；还包括识别优势和长处，充分激发、维护、发展学生的潜能和天赋。

(2)形成性评价。此评价方法是为使体育教学效果更好地体现学生学习的过程与阶段性结果所进行的检查和评判。它主要适用于以下情况：①一个新的体育教学方法实施后；②一个新的体育教学内容初步完成后；③一些新的身体锻炼手段使用后。

(3)终结性评价。此评价方法一般适用于特定的时期，如学期末或者完成某一项教学任务之后，再对学生在此时期内的学习成效进行考察和评估。具体而言，主要关注的是学生在学上是否有所成且达到了何种程度，譬如知识是否变丰富，技术能力是否有提高，身体素质是否变强，意志品质是否更加坚韧……总之，这一评价类型较为看重的是教与学的最终结果。

(二)体育教学评价的功能

1. 诊断功能

借助有效的教学评价，体育教师可以全面、细致地了解当前的体育教学状况，明晰教学中存在的缺陷与不足，以便于采取针对性的措施对其进行改进和调整，更好地实现既定的体育教学目标。从某一层面而言，体育教学评价与人所做的健康检查大同小异，体育教学“检验”的是教学中的方方面面，而健康检查检验的是身体的各个功能特性。详细、全面的“检验”有助于实施者准确掌握当前的数据资料，从而因材施教、分层教学，为学生提供更高效的教学服务，推动其身心的全面发展。

2. 导向功能

借助不同的教学评价方法，所获得的评价反馈往往并不一致，它们各有侧重点，有的较为关注过程，有的较为关注结果，还有的较为关注具体的教学细节(如学生的学习态度、学习习惯等)……总之，不同的反馈结果能够给体育教学的当前改进和未来优化起到强劲的导向性影响，使其能够在正确的道路上稳步前行，具体而言体现在以下两方面：一是教师可以此为依据对教学计划进行修订，改进教学方法；二是学生可以此为依据对学习策略进行适当调整，逐步优化自身的学习方式。

3.激励功能

于体育教学的全过程而言，体育教学评价的监督与控制作用十分关键，是保障高校体育教学系统正常运转的重要基础；而于广大师生而言，它有着一定的激励作用，能够让教师教的兴致更高，学生学得更为顺畅、高效。每一次体育教学评价都为教师和学生提供了一定的教学数据，有助于他们了解当前的教学详情，明确各自的努力方向，进而一齐奋力前行。但需要注意的是，只有客观公正、科学合理的体育教学评价才能够对师生起到较好的激励作用，鼓舞他们不断提高自身“教”的质量和“学”的效率，反之，那些有失偏颇的教学评价往往会打击师生的教学积极性。

(三)体育教学评价的作用

体育教学评价的作用体现在能够为体育教学活动的改革和发展提供必要的反馈信息，并为学校体育教学的管理、体育教师的教、学生的学等方面作出一定的指导，以此对其发展与进步产生一系列积极影响。

1.提高体育教学水平

借助体育教学评价，可为体育教师提供更多地了解自身教学质量和教学水平的机会，使教师能够有目的、有意识、有针对性地改进教学方案，调整教学内容，优化教学手段，从而逐步提高其体育教学水平。

2.激发并维持学生学习体育的自主性

在进行教学评价之后，学校和教师能够全面掌握学生的学习情况，并通过评价反馈给出一些针对性的建议，而学生通过对各项建议的消化理解，可以及时调整学习方式，并创造性地解决学习过程中的难点甚至瓶颈，随之体育学习的自主性也得到提高。

3.完善体育管理

体育教学管理是一个系统工程，涉及对各项资源、各类对象方方面面的管理，而借助对体育教学的全面、详细评价，可以及时发现管理中的不足之处，以便采取妥善措施快速修正、完善，确保体育教学管理系统的顺畅运转。

4.提高体育科研水平

在新课改的推动下，体育教师不仅承担传授体育知识和体育技能等基本职责，还肩负着一定的科研任务，而在体育教学评价中，为其提供了真实、详尽的体育教学资料和数据，且借助规律性的教学评价，使得此类资源能够得到持续更新，从而为体育教师科研水平的稳步提高奠定深厚的信息基础。

三、体育教学评价的原则与方法

（一）体育教学评价的原则

1. 客观性原则

客观性原则，是高校开展体育教学评价所必须坚守的基本原则。这是由体育教学的根本目的所决定的，即对教学活动做出客观的价值评判，若不遵循这一原则，“客观”也就名不符实，也难以为校内体育教学的发展指出正确方向。因而，这就要求学校相关部门以及各体育教师必须始终坚持客观性的评价原则。为全面贯彻客观性原则，高校在进行体育教学评价时应做到以下要求。

（1）制定客观的评价标准，防止评价者任意而为或感情用事。

（2）运用客观的评价方法，以防因方法不适用而使评价结果失真。

（3）保持客观的评价态度，以防评价时感情用事或带有偏见。

2. 全面性原则

全面性原则是体育教学评价时所需遵循的一大重要原则。这是由体育教学系统的性质特点所决定的，这一系统交错复杂，囊括了各种各样的因素，它们均能从各自的角度呈现出体育教学的水平。因而，这就对体育教学评价提出了全面性的要求，若不能从多个方位、多个层次、多个维度全面的评价体育教学实践，则极易产生厚此薄彼、以偏概全的不良评价现象。此外，在具体评价时，切不可对所有因素一概而论，而应分清评价的重点、次重点，以此把握评价的速度和效果，确保最大限度的发挥评价效果；与此同时，还应将定量评价和定性评价有机结合，使其相互参照，从而对客体的实际效果进行全面准确的评价。

3. 科学性原则

科学性原则也是体育教学评价所需遵循的原则。这是因为唯有确保评价的科学合理性才能最大限度地发挥其积极效用。而科学性的要求主要包括两个方面：①评价目标、标准的科学化；②评价方法和程序的科学化。

为深入贯彻科学性原则，高校在进行体育教学评价时可应尽力做到以下几点。

（1）立足于推动教与学的和谐一致发展，并结合体育教学大纲、教学目标、教学实际情况等，以持续改进、完善评判的标准，使其更为科学。

（2）引用时下最为高端、优质的评价工具和评价手段，使之与本校体育教学的实际更为贴合，同时，还应保证体育教学档案资料的真实性、准确性和完整性，并审慎对待其加工、统计工作。

（3）无论是旧的还是新的评价工具在运用时均不可掉以轻心，为此，可反复尝试不断调整，待符合相关标准后，再全面推广运用。

4.指导性原则

指导性原则也是进行体育教学评价所不可或缺的一项原则。简而言之，就是要求评价必须与指导相结合，让被评价者能够从评价中有所得，明确未来的奋斗方向以及奋斗方法。

为全面贯彻指导性原则，高校在展开体育教学评价时必须满足以下要求。

(1)收集必要的评价资料作为指导的依据，以此强化指导的科学性，以防出现无效的指导或不切实际的指导，降低评价的可信度。

(2)评价后，应将结果及时反馈给对应的被评价者，并确保指导的明确性和针对性，让其能够迅速做出正确的回应。

(3)确保启发性，给被评价者留出一定的反思和改进的自由场域。

(二)体育教学评价的方法

体育教学评价的方法各式各样，此处主要阐述一些较常见且运用较为频繁的方法。需要注意的是，此类方法各有特点，且并非普适性的，因而在运用时应当综合考量各种因素，以便于充分利用其优势，尽量克服其缺陷，确保评价的效果。在实际运用中，也可将多种方法结合起来完成评价任务。

1.观察法

观察法，即评价者根据相应的目标和计划对体育教学活动中的评价对象进行教育观察，从中获取诸多与之相关的信息数据，并以此为依据对其进行对应性的评价。观察法的最大优势是，能够得到许多极具价值的真实数据信息，如教师的教学水平、教学态度、言行举止，以及学生的学习态度、学习方式、心理状态等，以便于对其进行全面、客观的评价。不难看出，这一方法的直观性是其他方法所难以媲美的，也正是因此使其得到诸多评价者的青睐。

2.问卷法

问卷法运用于各行各业的调查中，一般也能够得到较为满意的结果。这一方法也同样适用于体育教学评价。一般而言，问卷中的相关问题都是体育教学评价者所精心设计的，问答的全过程往往是层层深入式的。问卷法通常使用两种方式来完成调查：一是发放纸质问卷；二是在网络上共享问卷链接。一般而言，问卷法有三大显著特点，具体如下。

(1)参加人员的隐蔽性，能够有效保证调查的真实性和客观性。

(2)问卷发放取样的广泛性。这对于搜集信息的效率的提高，信息的有效性和可靠性的保证是较为有利的。

(3)时间范围的可调节性。

3.测验法

测验法是相对来说最为古老的评价方法，它通过组织各式各样统一的考试来考察教师和学生的具体教学情况。长久以来，测验法一直是国内各大高校进行学生评价的首选方法，它的重要性是不言而喻的。这一方法的主要特点是有严密的组织和较强的目的性，可以及时、准确地定位学生的学习盲区以及重点、难点。此方法在体育教学评价中的应用主要体现在以下几个方面。

(1)体育理论知识的测验。在体育学科中包含着诸多课程内容，其中，较为主要的有体育文化知识、运动技术原理、体育技术、竞赛规则、生理卫生保健知识等。在测验他们的体育理论知识时，需把握其重点，具体来说，就是全面、系统综合性地检查和评定学生所学的基础知识和灵活运用这些基础知识的能力。通常，可借助笔试、试卷或口试测验方式完成。

(2)身体素质测验。身体素质是指人体在活动中所表现出来的机能特点，它包括力量、速度、耐力、柔韧和灵敏等素质。因此，通过对以上五大主要身体机能的测验，能够全面掌握学生的素质水平，从而较好地推断体育教学有无成果以及成果如何。此外，借助测验中的各项不同的指标，也能够发现学生在体育学习中的缺陷，以便于教师调整教学方案，优化教学流程。

(3)运动技术的测验。在体育教学中，包含着丰富多彩的运动项目，而不同的项目各有其特点，其技术要领也不尽相同。因而，学生势必要逐步将之攻克，并将各项技能技术综合运用于日常的体育活动中，以此直观地呈现出自身机体素质和技能水平的前后变化。以技术动作规格为主要依据，对学生所学习的技术动作的情况作客观的测评，这就是运动技术的测验。对运动技术的测评通常可以分为两种，一种是多以测量中获取的客观数据为准的客观测验(达标测验)；另一种则是对技术动作质量的技术评定。

(4)体育情感行为测验。人的情感行为外延十分广泛，其间最为重要的当属爱好、态度、情趣、动机、价值观，以及个性和群体行为特征等。此类情感行为对于体育教学也有较为明显的影响，具体而言，体现在能否提高学生的参与积极性、主动性，以及能否激发他们持续长期创造性学习的热情。而通过学习各种各样的体育知识与体育技能又能够反作用于学生的情感行为，使之产生一系列积极变化。在实际测验时，一般可借助量表来完成。

第二节　高校体育教师教学评价设计

一、对体育教师专业素质的评价

体育教师作为体育知识和体育技能的传授者，在体育教学活动中具有重要的主导性作用，因而其专业素质十分重要。它不仅关系着体育教学水平的高低，也关系着学生能否在教学过程中获得实实在在的成长。具体而言，教师的专业素质由如下几项要素构成。

(一)思想政治素质

思想政治素质是一名合格的人民教师所不可或缺的基本素质,而对此项素质进行评价也是体育教师专业素质评价中的首要任务。一般来说,在评价体育教师的思想政治素质时,应包括以下内容。

(1)是否热爱体育教学工作。

(2)在体育教学活动中是否认真、负责,并能够创造性地完成各项教学任务。

(3)是否关心、爱护、尊重每一位学生。

(4)在日常教学中是否注重自身的一言一行,为学生树立了良好的榜样。

(5)在教学环节中是否注重对新政策、新理念的贯彻和执行。

从以上内容可知,思想政治的评价较为关注的是教师的职业道德水平,只有具备良好的职业道德素养的教师才能够严肃认真地对待体育教学中的每一项工作,带领学生充分参与到各项体育运动中,引导他们收获身心成长的愉悦。通常,评价体育教师的这一素质时,可采取自评(教师)和他评(学生)两种方式。

(二)教师自身发展的素质

在体育教学中,学生总是换了又换,但体育教师却是较为稳定的,且常常要以“一对多”的形式进行教学。这就对体育教师的自身发展素质提出了较高要求,只有不断更新完善自身的知识体系、技能水平,且持续优化自身教学理念的体育教师才能够跟上时代发展的潮流,逐步提升自我教学的适应性,最大限度地满足不同学生的多样化学习需求。

(三)知识结构素质

体育教师的知识结构素质即为教师知识掌握的广度和深度,教师不仅要掌握基本技能和运动基础知识,还要具有高度的体育专业理论知识,并能够了解体育教学的基本规律和学生身心发展的基本规律。

(四)能力结构素质

能力结构素质即为教师完成相应的体育教学工作的能力,具体而言,包括以下内容。

1.较强的教案编创能力

体育教师若具备较强的教案编创能力,则能够较好地设计教学内容,合理地安排教学流程,科学地应用教学方法和手段,从而有效激发学生的学习热情,为体育教学实践的开展奠定好文书基础。

2.良好的课堂管控能力

有了好的教案并不意味着体育教学活动一定能够顺畅进行,若教师缺乏课堂管控能力，不能合理利用各类教学资源组织学生有序地参与到各项知识和技能的学习中，有效化解师生之间的隔阂、生生之间的矛盾以及教学内容与学生间的晦涩感，那么教案的效果将会大打折扣。因此，良好的课堂管控能力也是体育教师所必须具备的。

3. 较强的沟通能力

良好的沟通能力也是体育教师所需具备的基础能力，一方面有助于将体育知识与技术以更为生动有趣的形式展现出来，增加学生学习的兴趣；另一方面，能够实现与学生的良性互动，充分了解学生的学习难点以及需求，并及时将之妥善解决。

4. 良好的身心素质

在体育教学中，体育教师需要为学生演示教学内容，也常常要跟随学生一起运动，可见体育教学有一定的难度，运动负荷也较大。这就要求体育教师必须具备良好的身心素质，确保各项体育运动能够顺畅且高效的开展。

二、对体育教师课堂教学的评价

在进行体育教师的教学评价中，对教师的课堂表现的评价也非常重要，它包括两大内容，一是评价教学的过程，二是评价其教学的成效。为此，可从以下几方面着重评价。

（一）课程标准的贯彻

贯彻课程标准的评价，主要包括课堂教学是否紧紧围绕学习目标进行，教学是否符合课程标准的要求，教学是否完成了课程标准所规定的教学任务与教学内容等。在实际的评价中，可着重关注以下几点。

(1)教学定位是否准确。

(2)教学是否符合学生的身心发展特征。

(3)教学是否符合学生的实际情况。

（二）教育教学思想

体育教师在课堂中的言行举止，往往是教学思想的具体体现，因此只有拥有健康、积极、先进的体育教学理念的体育教师才能够上好体育课，当好学生的榜样，引领学生自主地投入到体育学习中，确保体育教学有序、高效地开展。当前，体育教学领域的主流思想为“健康第一”“终身体育”等。对于此类教学理念，体育教师在教学过程中应时刻谨记并自觉遵守，以此帮助学生养成良好的健康意识和习惯，推动其身心素质的综合发展。此外，体育教师也应具备一定的创新精神，为我国体育领域的创新发展助力。

(三)教学内容

体育教师在课堂中所传授的各项体育素材与体育信息即为教学内容。当前时代对于体育教学内容的要求较高,一方面要求丰富多彩且全面细致,另一方面要求详略得当、主次分明,紧紧围绕着教学目标而有序开展。之所以这样要求,是为了有效满足学生的多样化学习需求,尽可能适应他们的身心发展特点和规律,充分激发其体育学习的热情以及开掘其运动潜能,从而全面提高他们的综合素质。此外,在实际的体育教学过程中,还应当把控好课程内容的难易程度,一般以适度为佳。

(四)教学方法和手段

体育教学手段和方法的评价统称为对教师教法的评价。整体而言,体育教学的手段和方法应符合体育教学原则,且具有新意。具体来说,在体育教学活动中,教师要严格贯彻因材施教的教学原则,选择有利于学生身心发展的体育教学方法,激发他们的学习兴趣;所采用的体育教学方法还应该注重发展学生分析问题和解决问题的能力,培养他们的创新思维。此外,体育教师也应当注重选用一些更易被学生接受的教法,以此拉近师生间的距离,实现双方的良性互动,让体育教学的氛围更为和谐美好,从而推动高校体育教学的稳步发展。

(五)教学技能

体育教学技能是任何一名体育教师必须具备的一项能力素质。在体育教学中,体育教师的首要工作是明确教学目标,这一目标既要全面体现当前体育教学的总目标,也要符合学生的身心发展特点和规律,还应当是切实可行的。

(1)在教学活动中,体育教师应优化配置现有资源,为学生营造一个安全、舒适、积极的学习氛围,鼓励他们积极参与,并引导其自主地学习。

(2)在日常教学中,体育教师应注重培养与学生的师生情谊,与他们保持平等、积极的互动关系,并将知识点、技术要领等以生动形象的形式展现出来。

(3)体育课堂涉及一些难度较高、技术复杂的运动项目,因而难免会出现一些突发事故,对于此,教师应事先做好防护措施,以便发生时可以有效应对,降低甚至消除对学生以及体育课堂所产生的消极影响。

(六)教学效果的评价

教学效果的评价是体育教师评价中最重要的环节,它包括教学目标的完成情况、学生的情感体验等方面。譬如,是否充分激发了学生的学习兴趣;是否推动了学生身心的成长;是否帮助学生树立了良好的健康意识;是否引导他们养成了终身体育的习惯等。关于体育教师课堂教学的评价内容和评价标准如表 7-2 所示。

表 7-2　体育课堂教学评价(自评、教师互评)

学校　　　　　班级　　　　　课题

执教人　　　　时间　年　月　日　午　第　课　　　　地点

<table>
<tr><th colspan="2">评价指标</th><th rowspan="2">二级指标及权重</th><th colspan="8">评价等级</th><th rowspan="2">得分</th></tr>
<tr><th>名称</th><th>要素</th><th colspan="2">A级</th><th colspan="2">B级</th><th colspan="2">C级</th><th colspan="2">D级</th></tr>
<tr><td rowspan="2">1.教学目标内容(20)</td><td>目的性</td><td>1.教学目标明确规范,师生共识(5)
2.作业要求具体可行,有创造余地(5)</td><td>10</td><td>9</td><td>8</td><td>7</td><td>6</td><td>5</td><td>4</td><td>3</td><td></td></tr>
<tr><td>科学性</td><td>3.符合大纲要求,内容正确,密度恰当,速度适宜(5)
4.条理清楚,突出重点,突破难点(5)</td><td>10</td><td>9</td><td>8</td><td>7</td><td>6</td><td>5</td><td>4</td><td>3</td><td></td></tr>
<tr><td rowspan="2">2.教学过程方法(26)</td><td>主体性</td><td>5.学生主体,注重学法指导,学会学习(4)
6.策略新颖,激发动机兴趣,学生积极参与(4)</td><td>8</td><td>7</td><td>6</td><td>6</td><td>5</td><td>5</td><td>4</td><td>3</td><td></td></tr>
<tr><td>最优化</td><td>7.精讲善练,联系实际,方法步骤清晰(5)
8.教具、媒体使用熟练恰当,效率高(5)
9.时间分配合理,节奏紧凑,不拖堂(4)
10.组织形式生动合理,面向全体,气氛活跃(4)</td><td>18</td><td>17</td><td>16</td><td>15</td><td>14</td><td>12</td><td>11</td><td>10</td><td></td></tr>
</table>

续表

3.教学素养(18)	教学能力	11.衣着大方,教态亲切自然,具有无声魅力(6) 12.说普通话,语言清晰、准确、流畅、生动(6) 13.专业技巧熟练规范,器材、场地布置合理(6)	18	17	16	15	14	12	11	10	
4.教学效果(26)	知识技能	14.掌握基本知识、技能,学生练习情况良好(6) 15.联系实际活用知识,学生每人各有所获(6)	12	11	10	9	8	7	6	5	
	创造情感	16.创设情境,激发兴趣,鼓励探索和创新(5) 17.师生互动,学生互助合作,课堂气氛融洽(5) 18.发挥德育、体育功能,教书育人(4)	14	13	12	11	10	9	8	7	
5.教学特色(10)	创新性	19.在教学内容(2)、教学策略(2)、教学模式(2)、教学媒体(2)、教学方法(2)等方面进行有效的开发改革和创新	10	9	8	7	6	5	4	3	
定性描述						定量评价结果		总分			
								等第			
评价者单位								评价者			

三、体育教师评价的主体

(一)学生对教师课堂教学的评价

学生与教师相同,均是体育教学中的主体,也是教师施教的具体对象,因而他们对体育课堂教学的看法十分重要,也具有一定的参考意义。在日常的体育教学中,学生与体育教师的接触最为频繁,能够直观地感受到体育教师的教学理念、教学水平、道德素养、教学态度等,因而他们对体育教学的评价往往较为客观、全面。一般来说可借助座谈法、学生点评法和问卷法等方式调查收集学生对体育教师课堂教学的评价。

1. 座谈法

座谈法即将学生组织起来(一般选取部分学生代表),以谈话的方式倾听他们对于体育教师课堂教学的具体看法和评价。

2. 问卷法

问卷法即设计一系列与体育课堂教学相关的问题来统计分析学生对于体育教师的看法。

3. 点评法

在体育课堂临近结束之时,体育教师可鼓励学生用简单的话语来概括本堂课的教学体验,可以陈述自身的运动感受,也可以陈述学习成果,还可以讲述对教师的看法以及教学建议。体育教师以及体育委员可将同学的发言有针对性地记录下来,以此作为学生评价与教师自评的依据。

(二)学校领导对教师课堂教学的评价

学校领导对教师课堂教学的评价具有相当的权威性,评价结果将直接影响被评价者的地位和声誉,因此必须审慎对待。校领导事务较为繁杂,虽经常实地考察体育教师的教学课堂,但毕竟精力有限,且对体育专业的了解程度较浅显,所以不应单独对体育教师课堂进行评价,应当结合教师的自评、学生以及其他教师的他评来综合评价。

第三节 学生学习评价

一、学生体育学习评价的内容

在体育教学评价中,对学生体育学习的评价与对体育教师的教学评价同样重要,都是其中必不可少的环节,也均需严肃、认真地对待。通过对学生学习的评价,可以使教师全面了解学生当前的学习状况,并以此为依据判断自身的教学目标是否达成以及程度如何,为日后的教学实践提供合理的依据,指明改进、调整的方向,且客观、积极的评价还能对学生产生一定的正向激励效果。通常,对学生的体育学习评价应包括以下内容。

(一)体质健康

增强学生体质,推动其身体的健康、良性发展一直是高校体育教学的重要目标之一。在考核学生的体质状况时,可参考《国家学生体质健康标准》中的有关内容,对不同的年级也可采取差异化的考核标准。具体而言,高校可参考表7-3中的内容(摘自《国家学生体质健康标准(2014年修订)》)。

表7-3 大学各年级体质健康测量指标与权重

单项指标	权重(%)
体重指数(BMI)	15
肺活量	15
50米跑	20
坐位体前屈	10
立定跳远	10
引体向上(男)/1分钟;仰卧起坐(女)/1分钟	10
1000米跑(男);800米跑(女)	20

(二)学习态度

学习态度对学生学习的影响主要体现在三方面:一是能够调节学习行为;二是对学习效果有较直接的影响,且影响程度较大;三是能够改变对抗挫折的耐受力。可见,必须重视对学生体育学习态度的考核,以便深入了解他们的学习态度,及时发展其中的不良现象,并给予适当的指导,引导他们养成良好的学习态度,推进体育活动的有序开展。通常,在考核学生的学习态度时,应重点关注以下几项指标。

(1)是否能够积极主动地参与到体育教学活动中,具体表现为出勤率。

(2)在学习时能否自觉地思考,并富有创造性地完成学习任务。

(3)能否将全副身心都放置于对体育知识和体育技能的学习之上。

(4)在学习过程中,能否虚心接受教师以及同伴所提的合理建议。

目前,国内常用的测量学生体育学习态度的方法为问卷法,其中的问题主要选自于亚当斯的体育态度量表。对于每一个问题,学生可勾选“同意”或“不同意”,然后测评者可借助多种统计工具以及运算规则明确学生的学习态度。

（三）知识技能

任何一种教学活动，总是带有相对明确的目的，但总体而言不外乎两大目的，一为拓展学生的知识面，二为提升学生的技能水平。而体育教学活动自然也不例外，因此在对学生体育学习进行评价时也应当重视对知识技能的考核。但需要注意的是，学生个体上的诸多差异，如接受能力、领悟能力、现有经验、当前知识水平等，均对知识和技能的学习有一定影响，因此在评价时必须综合考虑以上因素，设计出科学、合理的评定内容和方式。具体而言，在考察学生的理论知识水平时，应着重关注他们对知识把握的深度，以及能否将其内化为自身的能力并运用于实践中；在考察学生的体育技能时，可根据相应的量化指标或是体育竞赛的形式进行考核，譬如考察乒乓球技能时，可将规定时间内学生所回击的有效球的数量作为考核项目；而对于某些技战术的能力，则可组织各式各样的体育赛事，通过学生在场上的综合表现来明确其技战术水平。

（四）学生心理健康水平和社会适应能力

时代的发展，需要依靠体质健康、心理健康、高社会适应性以及具备一定知识和技能的人才来推动。国家也呼吁体育教学实现“以体育智、以体育心”的独特功能。因此，在评价学生的体育学习时，同样也不可忽视对他们心理状态和社会适应能力的考察。一般认为，在学习过程中能够较好地控制自己的情绪，相信自己，并能够积极、主动地参与到体育活动中的学生，其心理较为健康。而较高的社会适应性，体现在能够虚心接纳他人意见，与教师和其他学生保持良好的互动关系，无论是以个人独立或是团队的形式完成学习任务都能够较好的达成目标。在评价和测量学生心理和社会适应能力时，可参考症状自评量表（SCL－90）、大学生人格健康调查量表（UPI）等内容，以此提高测量的准确性、全面性。

二、教师对学生体育学习过程的评价

（一）过程性评价的概念

教师对学生的学习过程进行评价，是一种非常古老的体育教学评价方式，且运用相当广泛，获得了各大高校的一致好评。究其原因，在于评价的主体为体育教师，他们的专业知识扎实、教学经验丰富；也在于评价的对象为学生，他们能够客观地呈现出体育教学的效果以及过程。此种评价方式既可称为过程性评价，也可称作形成性评价，是指在体育教学的过程中，为实时掌握教学情况，明晰并准确定位运行中的缺陷与不足之处，并及时采取有效措施，以确保体育活动的正常开展，强化体育教学的效果而组织的一种即时性评价。

过程性评价重视发挥评价的反馈功能，教师通过各种评价方法与工具定期评估学生的学习过程，并及时将结果反馈给他们，因而能够较好地控制自身的“教”以及学生的“学”。

(二)过程性评价的内容

教师在对学生的体育学习进行过程性评价时,应重点关注四大内容,且在考察时可针对性地给予一定的反馈,如表扬、批评指正、激励等,具体如下。

(1)考察学生的行为态度,包括体育课的出勤率、参与各种运动项目的热情高度、学习知识与技能时的努力程度,以及能否富有创造性地完成学习任务。

(2)考察学生的体育知识,包括是否了解基本的健康卫生知识,是否熟练掌握了运动技术的要领,以及是否能够将各项知识和技能综合起来运用。

(3)考察学生的行为能力,包括能否运用合适的方法进行学习和锻炼,能否较好的把控自身的行为使动作流畅而准确,以及是否形成良好的行为习惯。

(4)考察学生的学习目标,如是否拥有明确的体育学习目标,并能够不懈为之奋斗,等等。

(三)过程性评价的方法

体育教师必须掌握一定的学生学习的数据资料,才能够完成过程性评价,而获取此类信息的最佳方法为观察法,这一方法又有正规与非正规之分。正规的观察是依据观察表进行的数字化与规范化的观察,其优点是信息全面、详细且可信度高,但真正实施起来需要耗费大量的人力、物力和时间,因而运用较少;非正规的观察是不用观察表随时进行的定性的观察,此方法虽然结果有效性不如前者,但应用起来省时省力,因而运用较广。此外,还可借助其他的方法来评价,如小测验、小测试、小考试,此类方法可以使学生的运动素质和知识水平以量化的形式呈现,有效弥补直观观察难以准确识别的缺陷。

三、学生自评和互评

学生对学习过程的评价属于自我评价,应包含自评和互评两个方面,是对学生的成绩进行评定的一个重要组成部分,有较高的参考价值,是教师对学生评价的补充。学生自评是指学生对自己的学习态度、运动技能、情意表现、运动参与以及合作意识等所进行的综合评价。

在学生对自己或同伴的体育学习情况进行评价的过程中,体育教师应当充分发挥学生的主观能动性,培养学生的观察力、判断力、分析能力以及解决问题的能力,提高学生正确认识和评价自己以及他人的能力。

学生对学习过程的评价也包括教学过程与教学效果两个方面,学生的自我评价和相互评价是其主要形式。这两种评价有利于培养学生的自我反省和客观评价的态度,具有特殊的教育力量。它不仅有助于学生形成良好的民主素养,而且还有助于学生在评价的实践中不断提高观察事物与分析问题的能力。但是,这种评价需要根据学生的年龄阶段进行。

学生对学习的“自我评价”有助于学生对自己的体育学习态度和表现的“自省”,同时还能帮助他们实现自我认识与自我教育意识和能力的提高。学生的“自我评价”可以学校制定的评价目标为标准,通过自我评价来判断个人达到目标的程度,也可以让学生自己确定评价的标准,通过学生的自我评定来判断自己的优势与进步。前一种方式适合在期末或学年末的评价时使用,后一种方式适用于日常性的“自我评价”。

“学生自我评价”的内容包括:学习目标、参与程度、学习效果以及拼搏精神等,方法可采用自评、自省、自我暗示、自我反馈等,手段包括目标的回顾、成绩前后对比、学习卡片、行为的检点等。

值得注意的是,学生的“自我评价”难免会出现偏差。因为学生出于自尊的原因,会出现过高估计自己的心理倾向性;另外,如果“自我评价”和体育成绩、升学、奖学金、评优等挂钩,那么就势必影响“自我评价”的可靠性与客观性。因此,进行学生的“自我评价”要注意以下几点。

(1)要把学生的“自我评价”作为一种学习性的、形成性的评价,不适合作为正式的评价,更不适合作为最终学习成绩的评定。

(2)针对某些与学生自尊有关内容的“自我评价”时,主要以师生间的交流为主,以保护学生的自尊与自信。

(3)要把学生的“自我评价”和功利性相分离。

(4)要开发“学习卡片”,发挥在书面上进行“自我评价”的方式和方法。

第四节　高校体育教学评价的发展

一、体育教学评价的未来发展趋势

近年来,为全面加强和改进新时代学校体育工作,党和政府以及相关部门做出了诸多努力,为学校体育教学的发展指明了方向,与此同时,也推动了高校体育教学评价的持续发展,具体而言,其发展趋势呈现出以下特点。

(一)评价内容不断扩展

高校体育教学中涉及各种各样的活动,且他们皆是围绕着体育教学的目标而展开的,几乎完完全全是为达成既定的目标而服务。而体育教学评价作为一项体育教学活动自然也不例外,评价的内容和形式均受到相关教学目标的重要影响。当体育教学目标确立之后,意味着体育教学评价内容的大致范畴也同时确定。各大高校实际情况不尽相同,发展路线也各有侧重点,因而往往有着不同的体育教学目标,随着体育教学目标的丰富也相应地扩展了体育教学评价的内容,使其日趋多样化。具体而言,在新的时代高校体育教学评价已不再是单纯的体质测验或运动水平的评定,它既涵盖了新课标中所要求的相关内容,也将学生的心理状态、情绪表现等纳入了评价范围。

(二)评价理念不断更新

为充分发挥体育教学评价的积极效用,必须保证其理念的科学性,且应当与素质教育发展的要求相适应。在体育教学实践中,应不断强化体育对学生身心成长的特殊功能,凸显出它对于素质教育的应有价值,并制定出针对性的培养目标,促进评价目标与教学目标的交流与融合,为推进这两者的和谐一致应立足于当前的教学目标创设体育教学评价指标体系。在创设过程中,应当保证各项指标科学合理,评价方法适应性强且简单、易行,以便展现出评价体系的强大导向性。此外,对素质教育的全面推行应循序渐进,讲究技术和方法,不可全盘否定考试,也不可纵容形式化的体育课堂,而应立足于体育教学的实质构建科学合理的体育教学评价指导思想。为此,可从以下两方面着手:①用多角度、多方法的综合质量评价取代单一的评价视角;②逐步淡化考评的选拔价值与作用,同时不断强化全面教育、检验、反馈以及激励的综合意义与价值。

(三)评价方式的综合运用

1.有机结合定性评价与定量评价

定性评价注重的是"质",借助评价者丰富的教学经验将评价结果划分为多个等级;定量评价注重的是"量",通过各种各样的运算工具和方法得出评价结果,两种方法各有特点,都是较为常见的体育教学评价方法。但体育教育属于系统性工程,其日常运转牵涉诸多因素,尤其是包括诸多人文因素,如喜好偏向、心理素质、文化素养、人格特点等。定量评价对于体质测验、运动技能测试、知识水平考核等有着较好的效果,但用作人文因素的评价时有一定局限,且易出现偏差。而单用定性评价则需要教师花费大量的时间和精力去观察、分析,若能够将两种方法有机结合起来,让教师根据定量评价的结果做进一步分析、考量,从而对结果做出最终评价。这一做法不仅可以简化评价者的工作,也可以最大限度地保证评价结果的有效性。

2.诊断性评价、形成性评价和终结性评价的综合运用

在过去,体育教学评价偏向于运用终结性评价,但这一评价方式局限性较大,往往发生在期末或阶段性任务完成之后,因而难以较好地发挥评价的反馈效用,既不利于教师"教"的及时修正,也难以实现对学生"学"的实时激励。显而易见,这种一元化的评价格局已然不再合适,若要推动体育教学的全面发展,必然要充分发挥体育教学评价的积极作用,而这就要求运用更为科学的评价方式,具体而言,可将不同功能的诊断性、形成性和终结性评价综合起来利用。其中,诊断性评价有利于

检查学生对某一教材的学习准备状态；形成性评价有利于及时发现体育教学过程中存在的问题，并在发现之后及时进行反馈，反馈结果有利于完善体育教学工作；终结性评价有利于检查某一阶段的教学情况，从而加深对这一阶段教学水平的认识。以上三种方式各有特色，将之综合起来，有助于充分发挥三者的优势，弥补各自的短处，从而实现体育教学评价的优化发展。

3. 充分结合自评与他评

在过去，体育教育评价较为重视他评，评价的结果主要取决于评价者的单一认知和判断，而忽视了评价对象（教师、学生）的自我评价，因而评价的结果难免有失偏颇，且难以充分发挥评价的导向作用。体育教师具备较强的专业体育教学素养，是体育知识和体育技能的传授者，每天都位于体育教学的一线，掌握了体育实践的第一手资料，因而在评价时应当充分利用体育教师的这些优势，重视教师对体育教学的自评。但教师在自评时不可避免地会受到个人情感以及相关利益的干扰，这将一定程度地降低评价的客观性。为有效解决这一局限，可将教师的自评与评价者的他评相互结合，以此提高评价的客观性和准确性。

而学生与体育教师相同皆是体育教学的主体，若要充分发挥自身在其中的主体性功能，势必要积极参与到体育教学中，而对自身的学习进行自我评价便是其中的重要一环，在进行自我评价时，不仅要亲身参与，更好掌握正确的评价方式，如实、客观地评价自己。一般来说，学生可结合教学目标、自身的学习目标以及学习的具体感受等内容完成对自我的评价。

二、体育教学评价的发展策略

体育教学评价标准对体育教师的课程安排有着较大的影响，能够直接作用于授课的范围、授课的课时、授课的方式等。因而若要实现体育教学的创新发展，必须持续优化体育教学评价，最大限度地发挥其引导作用，为高校体育教学的进步指明方向，并提供必要的依据。由此可见，有必要对体育教学评价进行改革，以此保障其效用。为深化其改革，可从以下维度着手。

（一）完善体育教学评价反馈体制

在体育教学中，不可或缺的是要素齐全、功能完备的评价反馈机制。根据传播学的相关内容，信息的传播应当是双向的，信息传播者在将收集到的信息传播出去的同时也能够接收到信息，然后通过其中的反馈意见，灵活地调控传播活动，从而增强传播的价值，让传播活动更为顺畅。同理可知，体育教学的评价反馈机制也很重要。为完善这一机制，应尽力做好以下几项工作。

（1）建立多条反馈渠道，保证评价主体能够得到有效的评价信息。

（2）丰富评价的反馈内容，使得体育教学能够得到全面的改进。

(3)建立相应的评价反馈监督机构,对体育教学的评价反馈情况施以积极监督。

(4)建立并不断完善评价的规章制度,让评价工作有据可依,以规范化的方式有条不紊地开展,避免因各种不良的评价行为而降低评价的真实有效性。此外,在建立过程中,应当从过去的评价活动中汲取经验,并重视倾听体育教师和学生的想法,收纳其中有价值的建议,以此逐步优化评价体系,确保其正常运转。

(二)实施多方位评价

体育教师作为体育教学的主导者,必须掌握学生的身体素质基础、运动能力状况等信息资料,以学生的学习、锻炼表现为主要依据进行多种针对性的评价活动,从而充分调动他们的体育学习兴趣,推动其学习自主性的发挥,以便高效达成体育教学目标。随着“水平目标”的设立,体育教师在不同的阶段需要完成不同的教学任务,随之体育教学的内容选取、教学方式、教学手段等也要发生相应的变化。而这就要求在体育教学中,教师应当依据五个学习领域(运动参与、运动技能、身体健康、心理健康、社会适应)来设立评价内容,保证评价的客观性和科学性。

(三)推广“学习小组”体育教学模式

“学习小组”即在体育教学中,依据一定的原则将班级学生划分为若干个人数相等的小组,组内成员可共享学习资源,共同完成体育学习任务。在体育教学中,涉及许多动作复杂、技术难度高的运动项目,采用“学习小组”的教学方式有助于形成互帮互助、合作共赢的团队精神,充分调动每一个成员的参与积极性,激发他们的探究意识和创造性思维,以此出色地完成体育学习任务。一般来说,较为适合运用“学习小组”的项目包括:篮球、足球、排球、定向越野、健美操、网球、羽毛球、乒乓球、接力赛以及小球类项目等。

(四)评价学生的标准由单一向综合转变

学生在个体上的诸多差异,对体育教学的开展以及成效有着较大影响,譬如有些学生领悟力强、身体素质较好,他们无须参与过多的体育训练就可快速掌握相关知识和技术要领,并在考核时取得优异成绩;而那些学习能力较差、机体也不太协调的学生常花费大量的心血投入体育学习与训练中,但往往得不到理想的成绩,也极易产生自卑心理。由此可知,高校在进行体育教学评价时应破除过去以锻炼为单一评价标准的束缚,逐步丰富评价标准,将学生在体育活动中的态度、情绪、人际关系、行为习惯、健身意识等课堂综合表现一一纳入评价标准中,以此推动体育教学的全面性、准确性,让每一个学生都能够得到平等的最适合自身发展的运动机会。

(五)营造良好的体育教学环境

在过去,体育课常常被视作可有可无的课程,也常常被其他“主科”或自习课堂所取代。但随着时代的发展,人们的认知有所变化,且越来越关注健康问题,加上国家对体育教学的重视以及正确引导,使得体育学科的地位逐渐上升,其功能也日渐凸显。体育学科拥有丰富多样的课程资源,通过不同的运动项目也能够较好地开发学生的综合能力和素质,如领悟力、协作能力、沟通能力,以及身体素质、心理素质等。因此,高校在进行体育教学评价时,应重视考察体育教学的环境,为体育教学环境的开发提供一定的数据基础以及创设性的建议,为教师和学生创造优质的活动场所,引进先进的教学设备,让体育教学活动更为丰富、有趣,吸引学生广泛参与其中,逐步拉近师生与生生间的关系,在各项运动中锻炼学生的身心素质,提升其社会适应性。

(六)综合运用过程评价与结果评价

在过去的体育教学评价模式中,较为看中的是学生体育学习的成效,将大部分精力放于评价学生的体育成绩上,而较少关注学生的体育学习过程,因而难以发现教学过程中所存在的问题,也就无法及时采取针对性的措施改进教学,解决学生体育成绩不佳的困局,也因此难以让体育教学发展取得实质性的突破。基于此,高校必须同等重视对体育教学过程和结果的评价,灵活调整评价的内容、形式和手段,充分发挥各类教学评价方式的优势特色,对体育活动的方方面面进行全面、细致的评价,及时发现教与学中存在的不足与缺陷,采取有效的措施快速修正、调整,让教师的教与学生的学更为顺畅、和谐,带动教师职业水平的稳步提升,促进学生身心的全面成长。

参考文献

[1] 章伟民.教学设计基础[M].北京:电子工业出版社,1998.
[2] 王辉.学校教育技术操作大全[M].北京:经济日报出版社,1999.
[3] 赵立,杨铁黎.体育教学设计与教案编写[M].北京:北京体育大学出版社,2004.
[4] 毛振明,于素梅.体育教学计划编制技巧与案例[M].北京:北京师范大学出版社,2009.
[5] 杨雪芹,刘定一.体育教学设计[M].桂林:广西师范大学出版社,2005.
[6] 柴娇.我国中小学体育课堂教学设计研究[M].北京:北京体育大学出版社,2010.
[7] 布鲁纳.教育过程[M].北京:教育科学出版社,1980.
[8] 赞可夫.教学与发展[M].北京:文化教育出版社,1980.
[9] 苏霍姆林斯基.给教师的建议[M].北京:教育科学出版社,1984.
[10] 莫雷.20世纪心理学名家名著[M].广州:广东高等教育出版社,2005.
[11] 巴班斯基.中学教学方法的选择[M].北京:教育科学出版社,1985.
[12] 顾明远,孟繁华.国际教育新理念[M].海口:海南出版社,2005.
[13] 罗时铭.当代日本学校体育与社会体育研究[M].北京:北京体育大学出版社,2007.
[14] 加涅.教育技术基础[M].北京:教育科学出版社,1992.
[15] 何克杭.教学系统设计[M].北京:北京师范大学出版社,2007.
[16] 施良方.学习论[M].北京:人民教育出版社,1994.
[17] 李晓文,王莹.教学策略[M].北京:高等教育出版社,2006.
[18] 弗·鲍良克.教学论[M].福州:福建人民出版社,1984.
[19] 单中惠,杨汉麟.西方教育学名著提要[M].南昌:江西人民出版社,2008.
[20] 卢家媚.情感教学心理学[M].上海:上海教育出版社,2000.
[21] 苏霍姆林斯基.给教师的建议[M].北京:教育科学出版社,1984.
[22] 巴班斯基,波塔什尼克.教育过程最优化问答[M].北京:北京师范大学出版社,1985.
[23] 索洛维奇克.学习与兴趣[M].哈尔滨:黑龙江人民出版社,1983.

[24] 刘华锦.教师如何备好课[M].天津:天津教育出版社,2008.
[25] 刘晓明.科学备课[M].长春:东北师范大学出版社,2008.
[26] 钟启泉.现代课程论[M].上海:上海教育出版社,2003.
[27] 费小兰.游戏化课堂,数学教育寓教于乐[J].试题与研究,2018(28):136.
[28] 陶剑.融入学科教学的游戏化创造力培养研究[J].中华辞赋,2019(1):198-199.
[29] 史延虎.对“自主、合作、探究”的辩证审视[J].青年教师,2013(10):22-23.
[30] 李清,姚蕾,魏秀丽.情境体育教学模式及其运用[J].体育教学,2005(4):22-23.
[31] 李启迪,邵伟德.体育教学基本理论研究[M].北京:北京师范大学出版社,2014.
[32] 张劲松,张树巍.高校体育管理理论与实践[M].沈阳:东北大学出版社,2016.
[33] 杨秀,任静,于洪波.高校体育教学创新方法论[M].北京:中国石化出版有限公司,2020.
[34] 毛振明.体育教学论[M].北京:高等教育出版社,2011.
[35] 周春娟.高校体育教学的影响因素分析与改革探索[M].青岛:中国海洋大学出版社,2019.
[36] 李海英.新时代高校体育教学的多维研究与运动教育模式探索[M].北京:人民体育出版社,2020.
[37] 姜明.现代学校体育教学研究[M].武汉:湖北科学技术出版社,2013.
[38] 杨枭.高校体育教学理论探索与实务研究[M].北京:中国社会科学出版社,2016.
[39] 王雁,王东亮,黄细渭.现代体育教学发展与管理应用研究[M].北京:中国时代经济出版社,2013.
[40] 刘明,张可,刘洋.普通高校体育教学发展与改革探索[M].北京:中国纺织出版社,2018.
[41] 常德庆,姜书慧,张磊.高校体育教学与运动训练研究[M].长春:吉林出版集团股份有限公司,2010.
[42] 江波,蒋凤瑛,杨劲松,等.国际视野下的我国高校继续教育的改革和发展[J].国家教育行政学院学报:2015(9):11-16.
[43] 林道光.普通高校继续教育学院现状与发展趋势[J].中国成人教育,2010(14):111-112.
[44] 鲁长芬,王健,罗小兵,等.运动训练专业改革的问题、原因及策略研究[J].武汉体育学院学报:2011,45(1):80-86.

[45] 张汉辉. 体育教学目标问题的分析与探究[J]. 教育,2015(3):35.
[46] 孙帅. 创新高校体育教学方法的对策探讨[J]. 长春理工大学学报:2011,6(4):187-188.
[47] 刘冬青,魏莉. 我国高校继续教育的发展现状及对策分析[J]. 中国教育技术装备,2013(30):100.
[48] 何桥,陈晶晶. 高校继续教育发展趋势与机制创新[J]. 黑龙江高教研究,2011(7):31-33.
[49] 尹建军. 我国现代高效体育教学思想与内容体系的形成与发展[J]. 广州体育学院学报,2012(3):366.